deutsch üben 3

Richard Schmitt

Weg mit den typischen Fehlern!

Teil 1

Hueber Verlag

deutsch üben

Ist eine Reihe von Übungsbüchern zu Grammatik, Wortschatz und Rechtschreibung, die als unabhängiges Material zu jedem beliebigen Lehrbuch, aber auch kurstragend benutzt werden können.
Bedingt durch die Konzeption, dass in die Übungsblätter auch hineingeschrieben werden kann, liegt der Übungsschwerpunkt im schriftlichen Spracherwerb.

Sämtliche Bände sind auch für das Selbststudium geeignet.

Weg mit den typischen Fehlern!

Teil 1

§ 1: Häufige Fehler beim Gebrauch der Präpositionen (auch Präpositionen beim Verb)
§ 2: Typische Fehler aus der Formenlehre
§ 3: Typische Kongruenzfehler
§ 4: Typische Rektionsfehler
§ 5: Typische Fehler in der Syntax

Teil 2

§ 6: Fehler beim Gebrauch des Artikels und des unbestimmten Pronomens
§ 7: Typische Fehler bei Maß- und Mengenangaben
§ 8: Typische Fehler bei der Negation
§ 9: Häufig verwechselte oder falsch gebrauchte Begriffe
§ 10: Typische Fehler in der Rechtschreibung und Zeichensetzung

12. 11. 10. | Die letzten Ziffern
2029 28 27 26 25 | bezeichnen Zahl und Jahr des Druckes.
Alle Drucke dieser Auflage können, da unverändert, nebeneinander benutzt werden.
1. Auflage

Fotogestaltung Cover: wentzlaff | pfaff | güldenpfennig kommunikation gmbh, München
Coverfoto: Mann © Strandperle/Premium RF/Gerhard Zerbes, Hand © iStockphoto/kyoshino
Umschlaggestaltung: creative partners gmbh, München
Satz: Fotosatz Völkl, Puchheim
GPSR-Kontakt: Hueber Verlag GmbH & Co. KG, Baubergerstraße 30, 80992 München, kundenservice@hueber.de
Druck und Bindung: Friedrich Pustet GmbH & Co. KG, Gutenbergstraße 8, 93051 Regensburg, technik@pustet.de
Printed in Germany
ISBN 978-3-19-007451-8
(früher erschienen im Verlag für Deutsch, ISBN 3-88532-653-1)

Art. 530_06882_001_10

Vorwort

Alle, die über längere Zeit Deutsch als Fremd- oder Zweitsprache unterrichtet haben, wissen, dass es typische Fehler gibt, die bei Anfängern bzw. Fortgeschrittenen immer wieder auftreten. Solche Fehler bei der Durchsicht von einigen hundert Arbeiten (Klausuren) zu erfassen und aus langjähriger Unterrichtspraxis zu ergänzen, machte sich der Verfasser zur Aufgabe.

Diese typischen Fehler wurden entsprechend ihrer Eigenart in zehn Gruppen (§§ 1–10) eingeteilt. Im vorliegenden ersten Teil werden die Fehlerprobleme der ersten fünf Gruppen, in Beispiele und – wenn möglich – in Regeln gefasst, vorgestellt. In den sich anschließenden Übungssätzen können die Lernenden prüfen, ob sie das vorgestellte Problem erfasst haben.

Am Ende jedes Paragraphen befinden sich ein bis zwei Tests. Sie geben den Lernenden Gelegenheit, sich zu vergewissern, ob sie die behandelten Probleme sicher beherrschen. Der Schlüssel zu den Einzelübungen und den Tests gewährleistet eine sofortige Überprüfung. Die beiden Übungsbücher eignen sich deshalb in besonderer Weise auch zur Einzelarbeit. Den Lernenden wird empfohlen, jeweils ein bis drei Nummern mit Übungen und Tests gründlich durchzuarbeiten und die Ergebnisse anhand des Schlüssels zu kontrollieren. Stellen, an denen Fehler gemacht wurden, sollten markiert werden, damit diese Teile später wiederholt werden können. Man kann aber auch mit den Tests beginnen und sich dann beim Auftreten von Fehlern anhand der Nummern den speziellen Problemen widmen.

Die Übungsbücher können den Unterrichtenden als wertvolles Hilfs- und Übungsmittel bei der Fehlerbesprechung oder bei der Durchnahme bestimmter grammatischer Probleme dienen. Nicht zuletzt sind sie auch kurstragend einsetzbar in fortgeschrittenen Grammatikkursen, die sich auf die häufigsten Fehler im Deutschen konzentrieren.

Der Gebrauchswert der Bücher erhöht sich durch die Tabellen im Anhang. Hier finden die Lernenden neben der Liste der starken und unregelmäßigen Verben Tabellen mit den Präpositionen, der Adjektivdeklination sowie eine Liste häufig gebrauchter Substantive der schwachen Deklination.

Abkürzungen

A	Akkusativ
D	Dativ
f	Femininum
fig.	figurativ (= übertragene Bedeutung)
G	Genitiv
ggf.	gegebenenfalls
i. A.	im Allgemeinen
Imper.	Imperativ
jdm.	jemandem
jdn.	jemanden
jds.	jemandes
m	Maskulinum
N	Nominativ
n	Neutrum
Nr.	Nummer
o. Ä.	oder Ähnliches
Part. Perf.	Partizip Perfekt
Perf.	Perfekt
Pl.	Plural
Präs.	Präsens
Prät.	Präteritum
S.	Seite
Sing.	Singular
Tab.	Tabelle
u. a.	und andere
vgl.	vergleiche
z. B.	zum Beispiel

Inhaltsverzeichnis

§ 3 Typische Kongruenzfehler

§ 4 Typische Rektionsfehler

§ 5 Typische Fehler in der Syntax (Satzlehre)

Anhang

§ 1 Fehler beim Gebrauch der Präpositionen

1 Vorbemerkung zu den Präpositionen

Besonders viele Fehler machen Lerner bei den Präpositionen. Sie sind zur schnellen Orientierung deshalb im Anhang in Tabellen zusammengefasst.
Bei der Gruppe der Präpositionen mit Dativ oder Akkusativ hat der Lerner oft Schwierigkeiten zu entscheiden, welchen Fall (Kasus) er bilden muss. Hierzu einige Hinweise:

1. Bei lokalem Gebrauch dieser Präpositionen gilt Folgendes:

a) Auf die Frage *wohin?* steht der Akkusativ. Man fragt *wohin?,* wenn sich jemand oder etwas auf ein Ziel hin bewegt oder eine Tätigkeit auf ein Ziel gerichtet ist, also z. B.: *Wohin geht / rennt / fährt / fliegt / schwimmt Hans? – Wohin schreibst / telefonierst / schaust du? – Wohin werft ihr den Abfall? – Wohin stellst / legst du das Buch?*

b) Auf die Frage *wo?* steht der Dativ. *Wo?* fragt nach einer Stelle, einem Ort oder Raum, wo sich jemand oder etwas befindet oder wo sich etwas (nicht zielgerichtet!) abspielt: *Wo wohnt / arbeitet / studiert / liegt / sitzt / schläft Hans? – Wo hängt die Jacke / das Bild?* (Vgl. § 4, Nr. 21) – *Wo hast du angerufen?* (Vgl. § 1, Nr. 5 und Teil 2, § 9)
Auf die Frage *woher?* steht ebenfalls der Dativ. *Woher?* fragt nach einem Ort oder Raum, von wo jemand oder etwas kommt, erwartet, geholt oder genommen wird: *Woher kommt der Mann / der Zug / der Wind / der Gedanke? – Woher hast du die Nachricht?*

Merke: Ich höre ein Flugzeug und frage: *Wo fliegt das Flugzeug?* Ich frage nach dem Ort, an dem es sich momentan befindet: → Dativ.
Ich frage: *Wohin fliegt das Flugzeug?* Ich frage nach dem Zielort: → Akkusativ.

Besonderheiten: a) *Ich nagle / klebe / schraube das Schild an die Wand. (wohin?* → Akk.) *Ich befestige das Schild an der Wand. (wo?* → Dat.) b) Einige Verben können mit Dativ oder Akkusativ stehen, z. B.: *einkehren (im / ins Gasthaus); vergraben (in die / in der Erde).*

2. Bei nichtlokalem Gebrauch verlangen *an, in, neben, unter, vor, zwischen* den Dativ, *auf* und *über* den Akkusativ: *Wir fahren am Wochenende. – Ich komme in einer Stunde. – Er entschuldigte sich unter einem Vorwand. – Er fürchtet sich vor der Dunkelheit. – Ich warte auf deinen Brief. – Wir sprachen über seinen Plan.*

2 „in“ und „nach“ bei Ländern und Erdteilen

Auf die Frage *wohin?* steht bei Länder- und Erdteilnamen *in* oder *nach.*

in wenn das Land / der Erdteil einen Artikel hat: *in die Türkei, in die Antarktis.* Der Artikel steht auch bei Ländern im Plural und bei zusammengesetzten Ländernamen: *in die Vereinigten Staaten (~ die USA), ~ die Niederlande, ~ die GUS* usw. *reisen;*

nach wenn das Land / der Erdteil keinen Artikel bei sich führt: *nach Österreich, ~ England, ~ Asien fliegen.*

Besonderheiten: *Irak* (m) und *Iran* (m) werden meist mit, neuerdings auch ohne Artikel gebraucht.

Wohin reist er? Ergänzen Sie die Präpositionen!

1. ________ die Schweiz	13. ________ Russland
2. ________ Österreich	14. ________ die Vereinigten Staaten
3. ________ die Bundesrepublik Deutschland	15. ________ Nordamerika
4. ________ die Slowakische Republik	16. ________ Kanada
5. ________ Deutschland	17. ________ China
6. ________ Australien	18. ________ die Volksrepublik China
7. ________ Irland	19. ________ den Jemen
8. ________ England	20. ________ die Innere Mongolei
9. ________ die Niederlande	21. ________ die Antarktis
10. ________ Holland	22. ________ Asien
11. ________ die Republik Irland	23. ________ Südkorea
12. ________ die Tschechische Republik	24. ________ Saudi-Arabien

3 Präpositionen bei Lokalangaben auf die Frage „wohin?"

an – auf – in – nach – zu

an
an das = ans
an den Rand von etwas: ~ *das Flussufer* / ~ *die Küste* / ~ *den Waldrand* / ~ *die Landesgrenze* / *ans Meer fahren*

auf
auf das = aufs
a) auf etwas, was höher als die Umgebung ist: ~ *einen Berg!* ~ *eine Bergspitze* / ~ *einen Turm* / ~ *das Dach* / ~ *die Leiter* / ~ *den Baum steigen*
b) auf etwas, was flach und offen ist; *aufs Feld* / ~ *die Wiese* (vgl. *in,* b) / ~ *den Sportplatz* / ~ *die Straße* / ~ *den Marktplatz gehen; etwas* ~ *den Tisch legen; sich* ~ *den Stuhl* (aber: *in den Sessel)* / ~ *die Couch* / *aufs Sofa setzen; aufs Land* (Gegensatz: *in die Stadt) ziehen* (vgl. *in*); *etwas* ~ *ein Blatt Papier schreiben*
c) die Aussicht / der Blick ~ *die Berge* / ~ *die Stadt* / ~ *die Straßen und Gassen*
d) *auf eine Insel* / *auf die Insel Sylt* / *auf die Philippinen*

Besonderheiten: a) Wenn das Wort *Berge* (Pl.) im Sinn von *Gebirge* gebraucht wird, steht die Präposition in: *Am Sonntag fahren wir in die Berge.* b) *auf* bei Gebäuden oder Räumen ist manchmal möglich, z. B.: *Man bringt ihm das Frühstück aufs Zimmer.*

in
in das = ins
a) in etwas Geschlossenes, in einen Raum: *ins Haus* / ~ *die Wohnung* / ~ *die Küche* / *ins Theater gehen; etwas* ~ *die Schublade* / ~ *den Kasten* / ~ *den Rucksack* / *ins Auto legen*
b) in etwas, was einen ganz oder teilweise umgibt, umschließt: *ins Wasser* / ~ *den Schnee* / *ins Sportstadion* (aber: *auf den Sportplatz)* / ~ *den Garten* / ~ *den Wald* / ~ *die Wiese oder ins Getreidefeld* (wenn die Pflanzen hoch sind! Vgl. *auf,* b) / ~ *die Eifel* (= Name eines Gebirges) / ~ *die Alpen* / *ins Tal gehen;* ~ *die Luft steigen; etwas* ~ *ein Heft schreiben; sich in den Sessel setzen, sich ins Bett legen*
c) in Länder oder Erdteile mit Artikel (vgl. § 1, Nr. 2 und Teil 2, § 6)
d) *in die falsche Richtung laufen, ins Unglück rennen*

nach a) bei Städten, Himmelsrichtungen und Lokaladverbien: *nach Berlin, ~ München, ~ Süden, ~ oben, ~ unten*
b) bei Ländern oder Erdteilen ohne Artikel (vgl. Nr. 2)

zu a) bei Personennamen: *Ich fahre ~ meinen Eltern / ~ Toni / ~ Herrn Mai.*
zu dem = zum b) bei Ortsangaben (aber nicht bei Städte- oder Ländernamen und Erdteilen!
zu der = zur Vgl. *in,* c; *nach,* a): *Ich gehe zum Bahnhof / zur Post / zum Hotel Excelsior / zum Sozialamt. – Sie fliegen zum Mond / ~ den Sternen. – Ich schwimme ~ der Insel.*

Wohin gehen/fahren/fliegen Sie? Setzen Sie ein: an – auf – (aufs) – in – (ins) – nach – zu – (zum).

1. ________ eine Insel
2. ________ die Großstadt
3. ________ Land (= in ein Dorf)
4. ________ ein Nachbarland
5. ________ die Alpen
6. ________ die Berge (= Gebirge)
7. ________ den Feldberg
8. ________ ihren Bekannten
9. ________ Platz der Republik
10. ________ Friedhof *oder*
    ________ den Friedhof
11. ________ Gasthof zur Post *oder*
    ________ den Gasthof zur Post
12. ________ oben
13. ________ links
14. ________ Bahnhof
15. ________ den Wald
16. ________ die Wiese
17. ________ Schwimmbad
18. ________ Sportstadion
19. ________ einen Bauernhof
20. ________ die Ostseeküste
21. ________ den Neusiedler See
22. ________ die Grenze
23. ________ den Aussichtsturm
24. ________ ihren Eltern
25. ________ die Straße
26. ________ Frau Pumeier
27. ________ Westen
28. ________ die falsche Richtung
29. ________ den Sportplatz
30. ________ Berlin

4 Präpositionen bei Lokalangaben auf die Frage „wo?“

an – auf – bei – in

an a) am Rand, in unmittelbarer Nähe: *am Flussufer / ~ der Küste / am Waldrand*
an dem = am */ ~ der Grenze. – Das Auto steht am Bahnhof. – Ich warte an der Haltestelle. – Er sitzt am Schreibtisch / am Ofen / an der Schreibmaschine*
b) an einer Stelle: *Er ist ~ der Bahn / ~ der Post / ~ der Universität* (als Institution). Aber: *in der Fabrik / in der Firma Lux / in der Bäckerei* = Räume; *bei einem Bäcker* = Person

auf a) auf etwas, was höher ist als die Umgebung: *~ einem Berg / ~ dem Turm / ~ dem Dach / ~ der Leiter / ~ dem Bahnsteig*

b) auf etwas, was flach und offen ist: ~ *dem Erd-(Fuß-)boden* / ~ *dem Feld* / ~ *der Wiese* (vgl. *in,* b) / ~ *dem Platz* / ~ *dem Stuhl* (aber: *in dem Sessel,* vgl. *in,* b, *in der Wiese)* / ~ *der Straße*

Besonderheit: *auf* statt *in* wird heute (abgesehen von festen Verbindungen) nur noch verwendet, wenn der Aufenthalt in einem Gebäude, das man regelmäßig aufsucht, angegeben werden soll: *Auf der Post gibt es eine Stelle ...; auf dem Standesamt ...* Der Lernende hält sich besser an die Präposition *in.*

bei
bei dem
= beim

a) bei Personen und Institutionen: ~ *meinem Onkel* / ~ *Herrn Kunze* / *beim Direktor – Er arbeitet bei der Firma Lux* / ~ *der Post* / *beim Finanzamt. – Er hat immer seinen Ausweis bei sich.*

b) bei räumlicher Nähe ohne Berührung: *Potsdam liegt bei Berlin. – Beim Bahnhof ist ein Parkplatz. – Er wohnt beim Rathaus.*

in
in dem = im

a) in etwas Geschlossenem, in einem Raum: *Er ist im Haus / im Zimmer / im Flur / im Bad* (aber: *auf der Toilette)* / *im Auto; etwas liegt* ~ *der Schublade / im Bücherschrank* (aber: *auf dem Regal)* / *im Kasten / im Erdinnern; etwas steht (geschrieben) im Heft / im Buch* (aber: *auf dem Zettel, an der Wandtafel)*

b) etwas, was jdn. oder eine Sache ganz oder teilweise umgibt, umschließt: *im Wasser / im Schnee / im Stadion* (aber: *auf dem Sportplatz)* / *im Garten / im Wald / im Feld und* ~ *der Wiese* (wenn die Pflanzen hoch sind! Vgl. *auf,* b) / ~ *der Goethestraße* / ~ *der Eifel* / ~ *den Alpen* / *im Tal* / ~ *der Luft*

c) Erdteile, Staaten, Länder, Ortsnamen: ~ *Europa,* ~ *England,* ~ *der Türkei* / *im Allgäu* / ~ *Salzburg* / ~ *einem Dorf bei Köln*

Besonderheiten: Auf die Frage *Wo ist er?* kann die Antwort z. B. lauten: *Er ist zur Uni (gegangen),* d. h., er ist gerade dort hingegangen. *Er ist an der Uni (auf der Uni),* d. h., er studiert, lehrt, arbeitet dort. *Er ist in der Uni,* d. h., er ist im Augenblick gerade dort.

Setzen Sie ein: an (am) – auf – bei (beim) – in (im)

Wo sind die Kinder?

1. ________ dem Spielplatz
2. ________ der Schule
3. ________ Sportstadion
4. ________ Schwimmbad
5. ________ der Straße
6. ________ dem Berg
7. ________ der Wiese
8. ________ Wald
9. ________ dem Bauernhof
10. ________ dem Land (= Dorf)
11. ________ dem Hof
12. ________ Garten

Wo stehen die Leute?

13. ________ dem Turm
14. ________ der Straße
15. ________ dem Sportplatz
16. ________ der Kirche
17. ________ Regen
18. ________ dem Feldberg
19. ________ Garten
20. ________ Schlosspark
21. ________ Museum
22. ________ dem Bahnsteig
23. ________ der Haltestelle
24. ________ See

Wo wohnen die Leute?

25. ________ der Insel Helgoland
26. ________ der Großstadt
27. ________ Berlin
28. ________ den Vereinigten Staaten
29. ________ Frau Pumeier
30. ________ ihren Eltern
31. ________ der Jugendherberge
32. ________ den Alpen
33. ________ einem hohen Berg
34. ________ der Nordseeküste
35. ________ der Leipziger Straße
36. ________ dem Hochhaus

Wo arbeiten sie?

37. ________ der Brotfabrik
38. ________ einem Bäcker
39. ________ der Universität
40. ________ einem Hotel
41. ________ Garten
42. ________ Schreibtisch
43. ________ der Landwirtschaft
44. ________ einem Bauernhof
45. ________ einem Bauern
46. ________ Bern
47. ________ der Schweiz
48. ________ einem Stausee

5

zu Hause – nach Hause

zu Hause antwortet auf die Frage *wo?: Wo ist/wohnt/bleibt/arbeitet er?* Es findet keine Bewegung auf ein Ziel hin statt.

nach Hause antwortet auf die Frage *wohin?: Wohin geht/fährt/schreibt/telefoniert er?* Die Tätigkeit ist auf ein Ziel hin gerichtet.

Besonderheiten: *Er ruft zu Hause an.* Aber: *Er telefoniert nach Hause.* (Vgl. Teil 2, § 9b)

Ergänzen Sie:

1. Bist du heute Abend ______________________ ?
2. Wann kommst du ______________________ ?
3. Nach Dienstschluss gehe ich meist sofort ______________________ .
4. Wenn Herr X. ______________________ kommt, ist der Hund wie verrückt vor Freude.
5. Ich habe versprochen, heute Abend ______________________ anzurufen.
6. Meine Eltern ______________________ wissen gar nicht, wo ich bin.
7. Der Lehrer schickte den Schüler ______________________ .
8. Von meiner Dienststelle bis ______________________ sind es nur zehn Minuten.

6 Präpositionen bei Zeitangaben

Achtung: Ich komme *zu Weihnachten.* (Nicht: *um Weihnachten*)

Merke:

an steht
a) beim Datum: *Ich bin am 3.6.1965 geboren;*
b) bei Wochentagen: *Am Montag ist das Büro geschlossen;*
c) bei Tageszeiten: *Am Nachmittag ist niemand da. – am Morgen, am Abend* (aber: *in der Nacht!*)

in steht
a) bei den Jahreszeiten: *Im Herbst ziehen viele Vögel nach Süden. – im Frühjahr, im Sommer, im Winter*
b) bei Jahreszahlen in Verbindung mit dem Wort „Jahr": *Im Jahr 1789 begann die Französische Revolution.* (Vgl. § 1, Nr. 7)
c) zur Angabe bestimmter Zeiträume: *Der Wagen fährt 180 km in der Stunde. – Ein Ei ist in drei Minuten weich gekocht.*
d) zur Angabe eines späteren Zeitpunkts, von jetzt ab gerechnet: *Ich bin in einer Stunde zurück. – In wenigen Minuten beginnt das Fußball-Länderspiel.*

um steht
a) bei der Uhrzeit: *Der Zug kommt um 8.30 Uhr.*
b) bei einer ungefähren Zeitangabe: *Das Haus stammt aus der Zeit um 1650.*

gegen steht zur ungefähren Zeitangabe: *Ich komme gegen 17 Uhr. – gegen Ende des 17. Jahrhunderts*

zu steht
a) bei kirchlichen Feiertagen (vgl. Teil 2, § 6)
b) in Verbindung mit dem Wort „Zeit": *zur Zeit meiner Großeltern – zur Zeit Napoleons*

Zur Rechtschreibung:
Folgt hinter dem Wochentag eine Tageszeit, so schreibt man beides zusammen: am Dienstagabend, am Sonntagnachmittag. Aber: gestern Abend, heute Nachmittag (vgl. Teil 2, § 10e).

„an (am)", „in (im)", „gegen" oder „zu (zur)"?

1. ________ Dienstag 2. ________ Wochentagen 3. ________ drei Stunden 4. ________ Ostern 5. ________ Karfreitag 6. ________ Frühjahr 7. ________ Abend 8. ________ der Nacht 9. ________ Morgen 10. ________ zehn Tagen 11. ________ drei Uhr (ungefähr) 12. ________ 16 Uhr (genau) 13. ________ Ende des Mittelalters (ungefähr) 14. ____ den ersten Tagen des neuen Jahres 15. ________ Silvester 16. ________ Neujahr 17. ________ Zeit Friedrichs des Großen 18. ________ Freitagnachmittag

7

im Jahr 1914 – 1914 – am 1.8.1914

Merke:
Bei der einfachen Jahreszahl steht keine Präposition: (Also nicht: *in 1914): Der Erste Weltkrieg begann 1914.*

im Jahr 1914 Vor der Jahreszahl kann *im Jahr* … stehen: *Im Jahr 1918 endete der Erste Weltkrieg.*

am 24. Dezember Bei der Datumsangabe steht *am: Am 24. Dezember ist Heiligabend.*

Ergänzen Sie die Präposition, wo es notwendig ist.

1. ______ 1498 entdeckte Kolumbus Amerika.
2. Schon vorher, ______ Jahr 1492, hatte er Kuba entdeckt.
3. Seine dritte Reise begann er ______ 30.5.1498.
4. Bei seiner vierten Reise betrat er ______ 1502 erstmals das mittelamerikanische Festland.
5. Kolumbus wurde irgendwann zwischen August und Oktober ______ 1451 in Genua geboren.
6. Er ist ______ 20. Mai 1506 in Valladolid (Spanien) gestorben.

8

auf der Straße – durch die Straße – in der Straße

Achtung: Ein Auto fuhr *auf der Landstraße.* (Nicht: *durch die Landstraße)*
Die Kinder spielen *auf der Straße.* (Nicht: *in der Straße)*

Merke: *auf der Straße* (bzw. *auf die Straße) fahren* oder *gehen:* Die Präposition *auf* ist in jedem Fall richtig, gleichgültig, ob es sich um eine Landstraße oder eine Straße in der Stadt handelt. *Das Auto fährt* (oder: *Er geht) durch die Straße* kann man sagen, wenn links und rechts der Straße Häuser, hohe Bäume, Mauern oder dergleichen stehen, insbesondere, wenn damit ein Hindurchfahren (bis zum Ende der Straße) gemeint ist. – *in der Straße stehen / spielen* ist im Deutschen nicht gebräuchlich. Es heißt richtig: *Die Kinder spielen* (oder: *Die Leute stehen) auf der Straße / auf dem Hof* (auch *im Hof,* wenn er eng und von Häusern umstanden ist). *in* mit dem Akkusativ ist jedoch möglich: *Der Bus fährt jetzt in die Moltkestraße. – Er radelt in die Steinstraße.*

fahren (fährt – fuhr – ist gefahren) (vgl. § 4, Nr. 10) *Der Bus fährt durch die Brentanostraße und biegt dann in die Heinestraße ein. – Auf der* (auch: *in der / durch die) Birkenallee fahren keine Busse.*

spielen (spielte – hat gespielt) *Die Kinder spielen auf der Straße / auf dem* (oder *im) Hof / im Garten / im Park / im Schwimmbad / auf der Terrasse / auf dem Balkon.*

Ergänzen Sie die Präposition (bzw. die Zusammenziehung mit dem Artikel, z. B. „im").

1. Die Kinder spielen bei gutem Wetter ______ Garten, bei Regen ______ Zimmer.
2. Er hat seinem Sohn verboten, ______ der Straße zu spielen.
3. Fahren Sie das Auto bitte ______ den Hof!
4. Vom Bahnhof fahren Sie ______ die Beethovenstraße zum Opernplatz.
5. ______ Hof spielen fünf Katzen.
6. Ein paar alte Männer sitzen ______ Park und spielen Karten.
7. Alle sitzen ______ der Terrasse in der Sonne.
8. Ich fahre jetzt ______ die Schlossstraße zum Klavierunterricht.

9 Die Präposition „vor" zur Angabe der Ursache

Er fiel mir vor Freude um den Hals. – Die Kinder zittern vor Angst. – Vor lauter Lärm verstanden wir kein Wort.

Merke:

a) Seelische Empfindungen als Ursache eines Verhaltens stehen meist mit *vor* + Dativ: vor Freude / Angst / Wut / Ärger / Schmerz(en) / Begeisterung / Scham / Stolz / Hass / Aufregung / Sorgen: *Die Kinder tanzten vor Freude im Zimmer herum;*
b) äußere Einflüsse als Ursache eines Geschehens stehen oft mit *vor* + Dativ: vor Kälte / Hitze / Nebel / Lärm: *Wir konnten vor lauter Schneeflocken / vor Nebel keine zehn Meter weit sehen.*

Besonderheit: Um die Wiederholung der gleichen Präposition zu vermeiden, kann gelegentlich *aus* statt *vor* stehen: *Aus Angst vor Strafe wollte der Junge nicht nach Hause gehen.*

Formen Sie um:

Er hatte solche Angst, dass er kein Wort herausbrachte.
Vor Angst brachte er kein Wort heraus.

1. Die Patientin hatte solche Schmerzen, dass sie laut schrie. ______________________
____
2. Die Kinder waren über die Mitteilung so begeistert, dass sie laut jubelten. (Begeisterung)
____
3. Es herrschte eine solche Kälte, dass sie alle zitterten. ______________________
____
4. Es war so heiß, dass kein Mensch mehr richtig arbeiten konnte. (Hitze) ______________
____
5. Er ärgerte sich so sehr, dass er die ganze Nacht nicht schlafen konnte. (Ärger) __________
____

6. Der Hund hatte solche Furcht vor Schlägen, dass er nicht unter dem Bett hervorkam. (!)

____

____

10

von ... aus – von ... her – auf ... zu – von ... an

von ... aus gibt den Ort an, von dem etwas ausgeht: *Ich rufe von Hamburg aus an. – Vom Keller aus gruben die Gefangenen einen unterirdischen Gang.*

von ... her gibt den Ort an, von dem jemand oder etwas herkommt: *Von Süden her ziehen Gewitterwolken auf.*

auf ... zu gibt den Ort oder Zeitpunkt an, auf den jemand oder etwas gerichtet ist oder sich zubewegt: *Die Wanderer bewegen sich auf den Turm zu. – Es geht schon auf Mitternacht zu.*

von ... an gibt den Ort oder Zeitpunkt an, an dem etwas beginnt: *Von Kirchdorf an ist die Straße sehr schlecht. – Vom 31. März an müssen wir eine Stunde früher aufstehen.*

Setzen Sie die Präpositionen ein.

1. ________ Rom ________ machen wir Ausflüge in die Umgebung.
2. ________ Süden ________ kommen dunkle Wolken gezogen.
3. Er kam ________ mich ________ und schüttelte mir die Hand.
4. Das Schiff fährt ________ den Leuchtturm ________ .
5. Gehen Sie ________ das Denkmal dort vorne ________ , nehmen Sie dann die letzte Straße vor dem Denkmal rechts, dann kommen Sie zur Post.
6. Mein Bruder rief mich ________ New York ________ an.
7. ________ Januar ________ gibt es eine dreiprozentige Gehaltserhöhung.
8. Es wird kühl. Es geht schon ________ den Herbst ________ .
9. Der Festzug näherte sich ________ Süden ________ der Stadt.
10. Das neue Gesetz ist ________ Mai ________ in Kraft.
11. Wir fahren zum Königssee, ________ dort ________ laufen wir zur Berghütte.
12. Bis Kilometer 76 ging's immer bergauf; aber ________ da ________ fuhren wir mit den Rädern eine halbe Stunde bergab.

11

bestehen auf – bestehen aus – bestehen in

bestehen, bestand, hat bestanden existieren; schaffen: *Die Firma besteht seit zehn Jahren. – Er hat die Prüfung bestanden.*

bestehen auf (+ D) auf seinem Verlangen beharren; etwas energisch verlangen: *Ich bestehe auf einer Herabsetzung der Rechnung. – Er bestand darauf, dass die Polizei geholt wurde.*

bestehen aus (+ D) zusammengesetzt sein aus: *Die Hütte besteht aus Holz.*

bestehen in (+ D) ausgefüllt sein mit; gebildet werden durch: *Die Ursache der Prügelei bestand in einem Streitgespräch zweier junger Leute.*

Setzen Sie „auf", „aus" oder „in" ein.

1. Der Richter bestand ________ der Vernehmung aller Zeugen.
2. Messing besteht ________ den Metallen Kupfer und Zink.
3. Die Gewerkschaft besteht ________ drei Prozent mehr Lohn.
4. Der Unterschied besteht dar________ , dass er die Schulden gemacht, sie aber nie bezahlt hat.
5. Die Ernährung der Gefangenen bestand ________ Wasser und Brot.
6. Seine Aufgabe besteht dar________ , alle Personen genau zu kontrollieren.
7. Der Unterschied zwischen dem alten und dem neuen Vertrag besteht nur ________ einigen unwesentlichen Einzelheiten.
8. Das Haus besteht fast ganz ________ Holz.
9. Ich bestehe dar________ , dass ein schriftlicher Kaufvertrag gemacht wird.

12

bringen in/unter – kommen in/unter – sich befinden in/unter – stehen in/unter

jdn./etwas bringen (brachte, hat gebracht) in (+ A) in große Schwierigkeiten / in Verlegenheit / in Sicherheit / in seine Gewalt / in Unordnung bringen: *Plötzlich aufkommender Nebel hat Bergsteiger schon oft in große Gefahr gebracht.*

jdn./etwas bringen unter (+A) ein Feuer unter Kontrolle / Geld unter die Leute / ein Land unter seine Herrschaft bringen: *Die Seeräuber hatten das Schiff schnell unter ihre Kontrolle gebracht.*

kommen (kam, ist gekommen) in (+ A) in Schwierigkeiten / in Verlegenheit / in Bewegung / ins Gefängnis kommen: *Das Schiff kam in einen gefährlichen Sturm.*

kommen unter (+ A) unter die Räder (= moralisch den Halt verlieren) / unter jds. Herrschaft kommen (vgl. *bringen unter): Er hat einen Einbruch begangen. Hoffentlich kommt er nicht ganz unter die Räder. – Nach dem Siebenjährigen Krieg kam Sachsen unter die Herrschaft Preußens.*

sich befinden (befindet sich, befand sich, hat sich befunden) in (+ D) sich in großer Not / in Aufregung / in einer schwierigen Lage befinden: *Die Flüchtlinge befanden sich in einem Zustand der Verzweiflung.*

sich befinden unter (+ D) *Befindet sich unter den Anwesenden ein Arzt?*

stehen (stand, hat gestanden) in (+ D) a) in Briefwechsel / in ständigem Kontakt / in hohem Ansehen / in Blüte stehen: *Unsere Apfelbäume stehen zur Zeit in Blüte.* b) etwas steht in der Zeitung / im Inhaltsverzeichnis (geschrieben): *In deinem Brief steht nichts von deiner Verlobung.*

stehen unter (+ D) unter Kontrolle / unter Erfolgszwang / unter Drogen stehen: *Sie steht sehr stark unter dem Einfluss ihrer Mutter.*

Wie heißt die Endung?

1. Die Wirtschaft des Landes kam in ein_____ gefährlich_____ Krise.
2. Die Wissenschaftler befanden sich in groß_____ Gefahr.
3. Die Türken brachten nach und nach den Balkan unter ihr_____ Herrschaft.
4. Wien aber hat sich nie unter türkisch_____ Herrschaft befunden.
5. Schon bald kam die Vermittlung ausländischer Arbeitnehmer unter staatlich_____ Kontrolle.
6. Sie steht seitdem unter staatlich_____ Kontrolle.
7. Seine unvorsichtige Fahrweise brachte ihn unnötig in groß_____ Gefahr.
8. Wir stehen mit Herrn Günzel in brieflich_____ Verbindung.
9. Heute steht ein Bericht von dem Unfall in d_____ Zeitung.
10. Von seinem Erfolg steht nichts in sein_____ Brief.

Setzen Sie das passende Verb in der richtigen Präteritumform ein.

11. Die Zugverspätung __________________ mich in große Schwierigkeiten.
12. Zum Glück __________________ sich unter den Reisenden ein Arzt, der helfen konnte.
13. Die Feuerwehr __________________ das Feuer nach zehn Stunden unter Kontrolle.
14. Als plötzlich ein Motor aussetzte, __________________ der Pilot in große Schwierigkeiten.
15. Durch den Handel mit den Seehäfen __________________ viel Geld unter die Küstenbewohner.
16. Mit der Industrialisierung __________________ die Stadt in eine Periode wachsenden Wohlstands.

Welche Präposition?

17. Die Normannen brachten bis zum Jahr 1000 fast ganz England ______________ ihre Gewalt.
18. Mit deiner Frage bringst du mich wirklich ______________ Verlegenheit.
19. In der Großstadt kam der junge Mann nach und nach ______________ die Räder.

20. Nach den Sommerferien kommen die Sechsjährigen ____________ die Schule.
21. Er befand sich ____________ dem Einfluss von Alkohol, als er den Polizisten mit „gnädige Frau“ anredete.
22. Seit seiner Entlassung befindet sich seine Familie ____________ großen finanziellen Schwierigkeiten.
23. Ich stehe ständig mit meinem Bruder ____________ telefonischer Verbindung.
24. Der Patient steht ständig ____________ ärztlicher Kontrolle.
25. Der Nachtdienstplan der Apotheken steht jeden Montag ____________ der Zeitung.

13

sich freuen auf – sich freuen über

sich freuen (freute sich, hat sich gefreut) auf jdn./etwas Das Ereignis (z. B. der Besuch eines Freundes) liegt noch in der Zukunft: *Ich freue mich auf den Besuch von Erich / auf das Frühjahr, wenn die Bäume endlich wieder grün werden.*

sich freuen über jdn./etwas Die Angelegenheit hat sich bereits ereignet: *Ich freue mich über die vielen Grüße, die ich erhalten habe.*

„auf“ oder „über“?

1. Gestern habe ich deinen Brief erhalten. Ich habe mich sehr dar__________ gefreut!
2. Morgen beginnen die Ferien. Die Kinder freuen sich schon dar__________ .
3. Nächste Woche beginnt mein Urlaub, wor__________ ich mich diesmal besonders freue.
4. Bald kommt sie zurück. Ich freue mich schon __________ sie.
5. Ich hatte mich so _______ den Skiurlaub gefreut, aber dann konnte ich wegen meiner Grippe nicht weg.
6. Alle haben sich __________ deinen großartigen Erfolg gefreut.

14

geraten in – geraten an – geraten auf

geraten (gerät, geriet, ist geraten) gelingen: *Der Kuchen ist gut geraten.*

geraten an (+ A) zufällig an eine Person / eine Adresse / einen Punkt geraten: *Die Bergsteiger gerieten an die Grenze ihrer körperlichen Leistungsfähigkeit.*

geraten in (+ A) unvermutet in einen Raum geraten; in eine Stimmung, eine Situation geraten: *Das Schiff geriet in einen Wirbelsturm. – Die Soldaten sind in die Hand des Feindes geraten. – Er gerät schnell in Wut.*

geraten auf (+ A) auf einen Weg, eine Fläche geraten; auf einen Gedanken geraten: *Die Wanderer gerieten auf den falschen Weg. – Sie geriet plötzlich auf den Gedanken, ihren Urlaub in Amerika zu verbringen.*

„an", „in" oder „auf"?

1. ________ einen Irrweg geraten 2. ________ Not geraten 3. ________ einen Schwindler geraten 4. ________ die Grenzen unseres Wissens geraten 5. ________ Gefahr geraten 6. ________ Angst und Schrecken geraten 7. ________ Brand geraten 8. ________ den Falschen geraten 9. ________ die falsche Adresse geraten 10. ________ Verlegenheit geraten 11. ________ Schulden geraten 12. ________ den Gedanken geraten, etwas Bestimmtes zu tun 13. ________ einen Sturm geraten 14. ________ ein Sumpfgebiet geraten

15

halten für – halten von – halten auf

halten (hält, hielt, hat gehalten) stoppen, festhalten: *Der Bus hält da hinten. – Halte das Glas bitte mal!*

jdn./etwas halten für (+ A) denken, dass es sich um eine bestimmte Person, Sache oder einen bestimmten Sachverhalt handelt: *Ich halte ihn für den Anführer / für sehr gefährlich. – Sie halten den Plan für unsinnig.*

etwas halten von jdm./etwas einschätzen, etwas denken über jdn./etwas: *Was hältst du von ihr? / von dem Plan? – Ich halte nichts / nicht viel von dieser Idee.*

halten auf etwas (A) auf etwas besonders achten: *Sie hält sehr auf Sauberkeit in der Wohnung.*

„für", „von" oder „auf"?

1. Der Chef hält sehr ________ Ordnung in seinem Betrieb.
2. Was hältst du ________ dem jungen Mann? Ich halte ihn ________ zuverlässig.
3. Ich halte nicht viel ________ diesen Geschäften an der Wohnungstür.
4. Ich halte dieses Fahrrad ________ ein stabiles, zuverlässiges Erzeugnis.
5. Die Sekretärin hält sehr ________ gute Kleidung.
6. Alle halten ihn ________ einen Politiker mit Zukunft.

16

leiden an – leiden unter

leiden (leidet, litt, hat gelitten) ertragen: *Er hat viel leiden müssen.*

leiden an (+ D) an einer Krankheit: *Er leidet an Krebs / an Atemnot / an den Folgen eines Unfalls.*

leiden unter (+ D) unter ungünstigen äußeren Einflüssen: *Er leidet unter dem feuchtwarmen Klima / unter den ständigen Vorwürfen der Eltern / unter dem Stress im Betrieb.*

„an" oder „unter"?

1. Viele alte Menschen leiden ____________ Einsamkeit.
2. Er litt ____________ Tuberkulose.
3. Sie hat ____________ der Strenge ihres Vaters gelitten.
4. Uschi leidet oft ____________ Übelkeit.
5. Viele Menschen leiden ____________ Rheumatismus.
6. Die Bevölkerung des Stadtteils Niederrad leidet ____________ dem ständigen Fluglärm.

17

Ich sagte ihm ... – Ich sagte zu ihm ... – Ich sagte nichts dazu ...

jdm. etwas sagen (sagte, hat gesagt): *Ich werde ihm die Wahrheit sagen. – Ich habe es dir schon so oft gesagt!*

etwas zu jdm. sagen wird gebraucht a) bei der indirekten Rede: *Er sagte zu mir: „Du lügst!" – „Kommen Sie morgen wieder!", hatte der Beamte zu uns gesagt;* b) wenn das Ausgesagte eigentlich in Anführungszeichen stehen könnte: *Sag doch du zu mir! – Ich sage Tante Emma zu ihr.*

etwas zu etwas sagen *Was sagst du zu unserem Entschluss? – Ich habe gekündigt. Was sagst du dazu?*

Mit oder ohne „zu"?

1. Kurt hat ________ mir nichts von seinen Plänen gesagt.
2. Helga sagte ________ ihrer Mutter: „Ich komme heute Abend später."
3. Ich kann doch nicht einfach du ________ ihm sagen!
4. Ich werde ihn heiraten. Was sagen Sie ________ meinem Entschluss?
5. Sie sagte ________ mir, dass sie mich heute Nachmittag anrufen will.
6. Wirst du ________ ihm auch nichts davon sagen?

18

sorgen für – sich Sorgen machen um – in Sorge sein um

sorgen (sorgte, hat gesorgt) für jdn./etwas; ... dafür, dass ... (sich kümmern um jdn./etwas; sich bemühen um etwas): *Er sorgte für seine Kinder. – Der Hausmeister sorgt für die Heizung des Bürohauses.*

sich Sorgen machen um jdn./etwas: *Wir haben uns Sorgen um dich gemacht. – Sie hat sich um seine Gesundheit Sorgen gemacht.*

in Sorge sein um jdn./etwas: *Wir waren in großer Sorge um dich, weil du so lange weggeblieben bist.*

„für", „um" oder „in"?

1. Er sorgt rührend ________ seine alte Mutter.
2. Nun sorg doch endlich mal ________ Ruhe!
3. Ich mache mir Sorgen ________ sein berufliches Fortkommen.
4. Er ist ________ Sorge wegen der hohen Schulden seines Sohnes.
5. Wer sorgt ________ all die Kinder, die ihre Eltern verloren haben?
6. Die Eltern machten sich Sorgen ________ ihre Kinder, die sich auf einer Ferienreise befanden.
7. Die Mutter war ________ großer Sorge, weil sie keine Nachricht von ihrem Sohn erhalten hatte.
8. Keine Angst, ich sorg schon ________ mich!

19

etwas verstehen unter/von – sich verstehen mit/auf

etwas verstehen (verstand, hat verstanden) hören; begreifen: *Ich kann Sie nicht verstehen.*

etwas verstehen unter (+ D) einen Begriff von etwas haben: *Unter einem Gauner versteht man einen betrügerischen Menschen.*

etwas verstehen von (+ D) Bescheid wissen; sich auf einem Gebiet gut auskennen: *Vom Steuerwesen verstehe ich nichts. – Er versteht viel von Fischzucht.*

sich verstehen mit (+ D) ein gutes Verhältnis mit jdm. haben: *Sie versteht sich gut mit ihm.*

sich verstehen auf (+ A) etwas gelernt haben; mit etwas/jdm. umgehen können: *Er versteht sich auf den Umgang mit Kranken / aufs Segeln / auf die Gärtnerei.*

„unter", „von", „mit" oder „auf"?

1. ____________ der Elektronik in diesem Gerät verstehe ich leider nichts.
2. Was verstehst du eigentlich ____________ „Freiheit"?
3. Er versteht sich ____________ die Erziehung von Jagdhunden.
4. Ich verstehe mich ____________ meinem Vater sehr gut.
5. Lass dich von Uta beraten; sie versteht sich sehr gut ____________ die Pflege von solchen Blumen.
6. Was versteht man ____________ „Redundanz"?

Test 1

Setzen Sie die passende Präposition ein.

zu Nr. 2: *nach – in* a) Wir fliegen __________ Kanada. b) Dann fahren wir __________ die Vereinigten Staaten und __________ Mexiko. c) Fährst du mit uns __________ die Schweiz und __________ Italien?

zu Nr. 3: *an – auf – in – nach – zu (zur)* a) Wir gingen __________ den Waldrand, __________ den Aussichtsturm, __________ die Gastwirtschaft, __________ Haltestelle. b) Wir fuhren __________ die Insel Helgoland, __________ Dänemark, __________ die See, __________ die Lüneburger Heide, __________ den Strand.

zu Nr. 4: *an (am) – auf – bei – in (im)* Wir saßen __________ Fluss, __________ Strand, __________ der Wiese, __________ unseren Freunden __________ der Terrasse, __________ einem Café, __________ Park.

zu Nr. 5: *nach – zu* a) Gehst du __________ Hause? b) Was machst du __________ Hause? c) Ich habe __________ Hause angerufen. d) Ich möchte jetzt __________ Hause gehen.

zu Nr. 7: *„im" – „am" oder ohne Artikel?* a) Ich bin ________ 1955 geboren. b) Sie ist ________ 13.4.65 geboren. c) Mein Großvater starb __________ Jahr 1980, die Großmutter ________ 1985.

zu Nr. 8: *auf – durch – in (ins)* a) Wir fahren __________ der Landstraße. b) Zuerst ging es __________ ein kurzes Waldstück, dann __________ blühende Wiesen. c) Meine Eltern wohnen __________ Wien __________ der Einwanggasse.

zu Nr. 10: *aus – her – an – zu* a) Vom Bodensee __________ fuhren wir nach Davos. b) Von dem Ort Klosters __________ geht es ziemlich steil hinauf. c) Von Süden __________ kommt eine Wolkenbank langsam näher. d) Was machst du, wenn plötzlich ein Elefant auf dich __________kommt?

zu Nr. 11: *auf – aus – in* a) Dieser Ring besteht __________ Silber. b) Seine Aufgabe bestand da________ , die Eintrittskarten zu verkaufen. c) Mein Vater besteht dar________ , dass ich mein Studium beende.

zu Nr. 12: *in – unter* a) Deine Frage brachte ihn __________ große Verlegenheit. b) Ich stehe mit ihm __________ ständigem Kontakt. c) Er versuchte, den Motor __________ Bewegung zu setzen. d) Der Magier befand sich __________ einem schlafähnlichen Zustand. e) Napoleon hatte zeitweise große Teile Europas __________ seine Herrschaft gebracht. f) Der Fahrer stand so stark __________ Alkohol, dass er nicht mehr verständlich sprechen konnte.

zu Nr. 13: *auf – über* a) ___________ dein Geschenk habe ich mich sehr gefreut. b) Wann kommt ihr endlich? Alles freut sich ___________ euren Besuch.

zu Nr. 14: *in – an – auf* a) Die Radfahrer gerieten ___________ ein schweres Gewitter. b) Wegen des Radiolärms geriet der alte Mann ___________ Wut. c) Der Erfinder geriet ___________ einen genialen Gedanken. d) Was, er wollte sich beim Hausbesitzer beschweren? Da ist er bestimmt ___________ die falsche Adresse geraten.

zu Nr. 15: *für – von – auf* a) Ich glaube, er hält mich ___________ verrückt. b) Sie hält sehr ___________ gute und elegante Kleidung. c) Ich halte nichts ___________ seinem Plan, alle Zimmer blau zu streichen.

zu Nr. 17: *„zu“* oder ohne *„zu“?* a) Sie sagte _______ mir: „Unterlassen Sie das bitte!“ b) Sag _______ mir, wo das Geschenk ist! c) Aber sie sagte es _______ mir nicht. d) Sag doch endlich du _______ mir.

zu Nr. 18: *für – um – in* a) Die Gemeinde sorgt _______ die Armen. b) Ich mache mir Sorgen _______ meine Mutter. c) Wir sind in Sorge _______ unsere Tochter. d) Sie sorgte rührend _______ mich, als ich krank war.

zu Nr. 19: *unter – von – mit – auf* a) Was versteht man ___________ einem Drilling? b) Er versteht sich ___________ die Behandlung alter Menschen. c) ___________ meiner jüngsten Schwester verstehe ich mich am besten. d) Verstehst du etwas ___________ Geologie?

§ 2 Typische Fehler aus der Formenlehre

1 Besonderheiten der Substantivdeklination

des Herrn – der Herren; des Menschen; des Buchstabens; des Gedankens

Achtung: die Ausweise der Herr*en* (nicht: der Herr*n*)
das Leben des Mensch*en* (nicht: des Mensch*ens*)
die Funktion des Herz*ens* (nicht: des Herz*en*)

Merke:

a) Eine Anzahl maskuliner Substantive wird schwach dekliniert, d. h., diese Substantive haben mit Ausnahme des Nominativs Singular in allen Kasus im Singular und Plural die Endung *-en* oder *-n,* z. B.: der Mensch, des Mensch*en,* die Mensch*en* (vgl. die Liste der gebräuchlichsten Substantive der *(e)n*-Deklination, Anhang, Tabelle 2).

b) Auch *der Herr* wird schwach dekliniert: der Herr, des Herr*n,* dem Herr*n* usw., aber im Plural: die Herr*en*!

c) Ausnahmen bilden die Wörter *der Buchstabe, der Gedanke* und *der Name;* sie folgen der *(e)n*-Deklination, haben aber im Genitiv zusätzlich ein *s:* des Buchstab*ens,* des Gedank*ens,* des Nam*ens.*

d) Auch das Substantiv Neutrum *das Herz* wird schwach dekliniert, jedoch mit Endungs-*s* im Genitiv: des Herz*ens;* Plural: die Herz*en.*

Bilden Sie den Genitiv.
die Gedanken (die Menschen) – die Gedanken *der Menschen*

1. der Ursprung (der Gedanke) ______________________________
2. der Garten (der Nachbar) ______________________________
3. der Ball (der Junge) ______________________________
4. der Hut (der Herr) ______________________________
5. die Zimmer (die Herren) ______________________________
6. die Dame (sein Herz) ______________________________
7. die Größe (dieser Buchstabe) ______________________________
8. die Art (die Buchstaben) ______________________________
9. der Inhaber (derselbe Name) ______________________________
10. das Schicksal (viele Menschen) ______________________________

2 Deklination von Titeln und Berufsbezeichnungen mit und ohne Namen

die Klasse des Studienrats Mahler – die Klasse Studienrat Mahlers

Unterscheiden Sie folgende Möglichkeiten:

a) Vor dem Namen steht der Titel oder die Berufsbezeichnung mit Artikel oder Pronomen → der Titel bzw. die Berufsbezeichnung erhalten die Deklinationsendung: *das Haus des Botschafters Trellenborg – die Predigt des Bischofs Dylberg.*
b) Vor dem Namen stehen mehrere Titel oder Berufsbezeichnungen mit Artikel oder Pronomen → nur der erste Titel bzw. die erste Berufsbezeichnung erhält die Deklinationsendung: *der Name des Abgeordneten Professor Freiherr von Bitterfeld.*
c) *Herr* steht vor dem Titel und dem Namen → *Herr* wird dekliniert, die folgenden Titel usw. können, müssen aber nicht dekliniert werden: *die Rede des Herrn Ministerialrat Dr. Schindler* (oder: *des Herrn Ministerialrats* Dr. Schindler).
d) Vor dem Namen steht der Titel oder die Berufsbezeichnung ohne Artikel oder Pronomen → der Name wird dekliniert, nicht der Titel oder die Berufsbezeichnung: *die Vorlesung Professor Maiers – der Brief Direktor Schmidts.*
e) *Herr* und Titel stehen ohne Namen → Deklination von *Herr* und Titel: *die Meinung des Herrn Professors.*

Besonderheit: Der Titel *Doktor (Dr.)* bleibt vor einem Namen immer undekliniert, weil er als Teil des Namens gilt; ohne Namen wird er dekliniert: *Er befolgt die Anweisungen des Doktors.*

Anmerkung: Es ist in Deutschland nicht mehr üblich, die Ehefrau mit den Titeln ihres Mannes anzureden. Also nicht: *Sehr verehrte Frau Professor Kunze,* wenn sie nicht selbst den Titel oder die Amtsbezeichnung erworben hat.

Bilden Sie den Genitiv.

1. der Besuch (Minister Klüber) ____________________
2. die Ansprache (der Generalkonsul von Aderholt) ____________________
____
3. die Ermordung (Botschafter Kanderberg) ____________________
____
4. die Rede (der Staatssekretär Axt) ____________________
____
5. die Einladung (der Beauftragte für das Datenschutzwesen) ____________________
____
6. der Rücktritt (unser Oberbürgermeister Dr. Hammerstein) ____________________
____
7. die Vorlesung (der Herr Professor Heller) ____________________
____
8. der Vortrag (der Herr Doktor Amfelder) ____________________
____

9. die Frage (unser Abgeordneter Oberbürgermeister Kleinert) ____________________

____

10. der Tod (der Direktor Professor Dr. Knechtle) ____________________

____

11. die Beerdigung (Frau Ministerialrätin Angerfeld) ____________________

____

12. die Beschwerde (der Herr Direktor) ____________________

____

3 Die Deklination des Adjektivs

Die Adjektivdeklination bereitet Lernern oft Schwierigkeiten. Viele Fehler lassen sich sicher vermeiden, wenn man sich Folgendes klarmacht:

1. Es gibt eigentlich nur zwei Adjektivdeklinationen:
a) die Deklination mit dem bestimmten Artikel (vgl. Anhang, Tabelle 3a), hier „a-Deklination" genannt;
b) die Deklination ohne Artikel (vgl. Anhang, Tabelle 3b), hier „b-Deklination" genannt.

2. Das Adjektiv folgt der a-Deklination (→ Tabelle 3a), wenn vor dem Adjektiv + Substantiv ein Begleiter (z. B. ein Artikel oder ein Pronomen) steht *und* dieser Begleiter die Endungen des bestimmten Artikels hat: de*r* (di*e*, da*s*), diese*r* (*-e, -es*), manche*r* (*-e, -es*), welche*r* (*-e, -es*), de*r*jenige (di*e*jenige, da*s*jenige) u. a. Also: De*r* alt*e* Tisch, mit de*m* kleine*n* Auto, der Preis diese*s* interessante*n* Buches, die Kleidung de*r* junge*n* Leute.

3. Das Adjektiv folgt der b-Deklination (→ Tabelle 3b), wenn vor dem Adjektiv + Substantiv
a) kein Begleiter steht, z. B.: frisch*e* Luft, mit alte*m* Brot;
b) ein bestimmtes Zahlwort ab *zwei* steht, z. B.: fünf jung*e* Burschen, drei saftig*e* Äpfel;
c) ein Genitivattribut steht, z. B.: des Königs treu*e* Diener, mit Müllers hilfsbereite*n* Nachbarn;
d) ein Begleiter ohne Endung steht, wie z. B. *allerlei, etwas, genug, manch* (nicht aber manch*er*), *mehr, solch* (nicht aber solch*er*), *viel, wenig.* Also z. B.: allerlei grün*e* Pflanzen, manch alte*s* Zeug, viel unbrauchbare*s* Material.

Bei der b-Deklination übernimmt das Adjektiv die Endungen des bestimmten Artikels. Ausnahme: Genitiv Singular Maskulinum und Neutrum haben die Endung *-en.*

4. Die „gemischte Deklination" (→ Tabelle 3c) wird angewandt, wenn vor dem Adjektiv der unbestimmte Artikel *ein, eine, ein,* die verneinte Form *kein, keine, kein* oder ein Possessivpronomen (z. B. *mein, dein, sein* usw.) steht.
Immer dort, wo der Begleiter keine Endung hat (z. B. *ein/dein*), übernimmt das Adjektiv die Endung (→ b-Deklination). Wenn der Begleiter aber eine Endung hat (z. B. *einem/einen/deiner),* folgt das Adjektiv der a-Deklination.

Besonderheiten:
Das bestimmte Zahlwort „ein" entspricht grammatisch dem unbestimmten Artikel. Beim Sprechen wird es immer betont!

Ergänzen Sie die Endungen:

1. kalt______ Kaffee, frisch______ Brot, heiß______ Würstchen (Pl.), kalt______ Wasser
2. der freundlich______ Alte, die fröhlich______ Alten, keine bunt______ Bilder
3. ein dick______ Buch, mit einem dick______ Buch, dick______ Bücher
4. meine älter______ Schwester, wegen meines jünger______ Bruders, von meinem lustig______ Onkel, für meine krank______ Tante, ein gut______ Freund
5. zwei jung______ Katzen, ein klein______ Hund, bunt______ Vögel in einem viel zu klein______ Käfig, ein Aquarium mit wunderschön______ Fischen
6. das modern______ Gebäude, in dem modern______ Gebäude, durch das modern______ Gebäude, genug modern______ Gebäude, in keinem der modern______ Gebäude
7. manch teur______ Schmuck (m), mancher teur______ Schmuck, manch selten______ Briefmarken, manche wertvoll______ Münzen
8. jeder alt______ Affe, dieses edl______ Kamel, von jenem schnell______ Pferd, dieselben alt______ Ochsen, mit einem gefährlich______ Bullen

4 Die Deklination des Adjektivs nach „folgend-“

folgender kurze Text – der folgende kurze Text; folgende kurze Texte – die folgenden kurzen Texte

Achtung: folgend*er* kurz*e* Text (nicht: folgend*er* kurz*er* Text)
folgend*e* kurz*e* Texte (nicht: folgend*e* kurz*en* Texte)

Merke: *folgend-* kann Pronomen sein: folgend*er* kurz*e* Text, mit folgend*em* kurz*en* Text → a-Deklination (vgl. Anhang, Tab. 3a). Wenn jedoch ein Artikel davor steht, ist *folgend-* selbst Adjektiv: der folgend*e* kurz*e* Text, mit *dem* folgend*en* kurz*en* Text. Die beiden Adjektive haben die gleiche Endung.

Besonderheit: Im Plural wird *folgend-* meist als Adjektiv aufgefasst, es hat dann stets die gleiche Endung wie das nachfolgende Adjektiv: folgend*e* kurz*e* Texte, wegen folgend*er* *kurzer* Texte.

Wie heißen die Endungen?

1. folgendes deutlich______ Zeichen, mit folgendem deutlich______ Zeichen, nach dem folgenden deutlich______ Zeichen, folgende deutlich______ Zeichen, wegen der folgenden deutlich______ Zeichen
2. folgende interessant______ Versuche, die folgenden interessant______ Versuche, dank der folgenden interessant______ Versuche, mit Hilfe des folgenden interessant______ Versuchs, durch den folgenden interessant______ Versuch

3. folgend______ sofortig______ Maßnahme, die folgend______ sofortig______ Maßnahme, infolge der folgend______ sofortig______ Maßnahme, mit folgend______ sofortig______ Maßnahmen

5 Die Deklination des Adjektivs nach „viel“ und „wenig“

viel (wenig) frisches Obst – mit viel (wenig) schwerem Gepäck – viele (wenige) interessante Geschichten

Merke:

a) *viel* und *wenig* ohne Endung können vor einem Substantiv im Singular oder (seltener) im Plural stehen. Das dazugehörige Adjektiv folgt immer der Deklination ohne Artikel (b-Deklination → Anhang, Tab. 3 b): Es wurde viel (wenig) gut*e* Kunst gezeigt. – Ich habe wenig (viel) klein*es* Geld. – Es gab wenig (viel) wertvoll*e* Ausstellungsstücke.

b) *viel-* und *wenig-* mit Endung stehen vor einem Substantiv im Plural. Das dazugehörige Adjektiv folgt ebenfalls der Deklination ohne Artikel (b-Deklination, → Anhang, Tab. 3b): viele hoh*e* Häuser, wenige schwer*e* Aufaben.
Im Singular ist die Deklination nicht regelmäßig, z. B.: mit wenig*er* leicht*er* Arbeit, aber: mit viel*em* kalt*en* Wasser. Um Fehler zu vermeiden, verwendet der Lerner im Singular einfach die undeklinierte Form mit der b-Deklination des Adjektivs (→ Tab. 3b): viel kalt*es* Wasser, mit wenig inner*er* Bereitschaft.
(Anmerkung: Bei einem Satz wie *Der Arzt behandelte sie mit wenig harmlosen Medikamenten* wird der Sinn nicht deutlich: Behandelte er sie mit Medikamenten, die wenig harmlos, also gefährlich sind, oder mit wenigen Medikamenten, die harmlos sind? Es heißt dann besser: *Er behandelte sie mit wenigen harmlosen Medikamenten.)*

c) Nach dem bestimmten Artikel werden *viel-* und *wenig-* zu Adjektiven, die parallel zu dem zweiten Adjektiv dekliniert werden: das wenig*e* vorhanden*e* Wasser, die viel*en* unnötig*en* Versuche.

Wie heißen die Endungen?

1. mit wenig grün______ Farbe, mit viel gründlich______ Erfahrung, wenig wirklich______ Bereitschaft, viel frisch______ Luft, für viel gut______ Geld
2. wenig gesund______ Zähne, mit viel stark______ Arznei, unter wenig wirklich anstrengend______ Bedingungen, viel______ freundlich______ Worte
3. mit wenigen, kaum bemerkbar______ Handbewegungen, in vielen dunkl______ Nächten, für wenige alt______ Briefmarken, in vielen schön______ Gärten
4. die wenig______ gesund______ Bäume, mit den viel______ unnötig______ Aufgaben, aus den wenig______ erhalten______ Briefen, für die viel______ schön______ Geschenke

6 Die Deklination des Adjektivs nach vorangestelltem Genitiv
(vgl. auch § 2, Nr. 7)

Wessen alter Hut ist das? – Daniels alter Hut.

Achtung: *Wessen alter* Hut ... (Nicht: *Wessen der alte* Hut ...)
Oder: *Pauls freundliche Tante* ... (Nicht: *Pauls die freundliche* Tante ...)

Merke: Nach dem Pronomen *wessen* sowie nach Substantiven im Genitiv erhält das nachfolgende Adjektiv oder Partizip die Endung der b-Deklination (→ Anhang, Tab. 3b). Der Artikel des Beziehungswortes fällt weg: die bekannten Lokale Berlins → *Berlins bekannte Lokale;* ebenso: *Hannelores süßes Kätzchen.*

Ergänzen Sie die Endungen.

1. Wessen elegant_____ Schal ist das? *(der Schal, -s)* 2. Wir fahren mit Roberts schnell_____ Auto. 3. Bist du schon in Münchens Technisch_____ Museum gewesen? 4. Haben Sie sich Bremens schön_____ Stadtzentrum angesehen? 5. Habt ihr Sabrinas enttäuscht_____ Gesicht gesehen? 6. Rothenburgs mittelalterlich_____ Stadtbild ist wirklich sehenswert!

7 Die Deklination des Adjektivs hinter einem Relativpronomen im Genitiv
(vgl. auch § 2, Nr. 6)

Herr Kunz, dessen ältester Sohn ...

Achtung: ..., dessen ältest*er* Sohn ..., (Nicht: ..., dessen ältest*e* Sohn ...)

Merke: Nach dem Relativpronomen im Genitiv folgt das beim Substantiv stehende Adjektiv der Deklination ohne Artikel (b-Deklination → Anhang, Tab. 3b): Frau Heil, deren ältest*er* Sohn (deren ältest*e* Tochter, deren ältest*es* Kind, deren zahlreich*e* Kinder) ...

Ergänzen Sie die Endung und vervollständigen Sie den Satz.

1. Die Dame, deren wertvoll_____ Halsband gestohlen worden war, ...
2. Seine Schwester, deren zwölfjährig_____ Kind schwer erkrankt war, ...
3. Die Familie von Tredwitz, deren groß_____ Besitz im Krieg verloren gegangen war, ...
4. Der Lastwagen, dessen gefährlich_____ Giftstoffe in den Graben geflossen waren, ...
5. Der Flughafen, gegen dessen groß_____ Lärm die Anwohner seit Jahren protestieren, ...
6. Der Nil, dessen fruchtbar_____ Uferstreifen (Pl.) früher jedes Jahr einmal überschwemmt wurden, ...
7. Der Vortrag, dessen kompliziert_____ Einzelheiten ich nicht immer verstanden habe, ...
8. Der Philosoph, mit dessen neuest_____ Buch ich mich gerade beschäftige, ...

8 Deklination des substantivierten Adjektivs und Partizips

der Kranke – die Arme des Kranken; der Verletzte – die Beine des Verletzten

Achtung: In dem Krankenhaus lagen 46 Krank*e*. (Nicht: Krank*en*)

Merke: Nach den Grundzahlen (Kardinalzahlen) erhält das nachfolgende Adjektiv oder Partizip – auch wenn dieses Substantiv ist – die Endungen der b-Deklination (vgl. Anhang, Tab. 3b): zwei Blind*e*, zehn Angestellt*e* – Ein Ertrinkend*er* konnte gerettet werden.

Besonderheit: Die Zahlwörter *ein-* (immer stark betont), *zwei* und *drei* können eine Genitivendung annehmen. Das ist Eigentum zwei*er* Beamter. – Sie ist Mutter drei*er* Kinder. (Aber: Sie ist Mutter von *vier* Kindern.) Die Zahlen werden nicht dekliniert, wenn ein Artikel oder Pronomen den Kasus (z. B. Genitiv oder Dativ) anzeigt: Er ist der Vater dieser *drei* Kinder.

Ergänzen Sie die Endungen.

1. Ich suche den Rothaari______ . 2. Ein Arbeitslos______ erhielt Arbeitslosengeld, zwei ander______ nicht. 3. Unter den Blind______ ist der Einäugig______ König. 4. Bei dem Unfall gab es fünf Verletzt______ und zwei Tot______ . Ein Tot______ lag auf der Straße, der andere Tot______ wurde im Bus gefunden. 5. Die Überlebend______ wurden ins nächste Krankenhaus gebracht. 6. In dem anderen Auto saßen zwei Betrunken______ . 7. Den Betrunken______ wurde eine Blutprobe entnommen. 8. Fünf sich bewerbend______ Auszubildend______ erhielten eine Stelle. 9. Kuno und Christa sind zwei nah______ Verwandt______ von mir. 10. Die zwei arm______ Unschuldig______ kamen ins Gefängnis.

9 Die Adjektivdeklination nach den wichtigsten Pronomen und unbestimmten Zahladjektiven

alle alten Kleider – andere alte Sachen – beide alten Bäume

Die Deklination des Adjektivs nach Zahladjektiven und Pronomen ist unregelmäßig, der richtige Gebrauch für den Lerner daher schwierig. Vielfach sind im Singular beide, die starke und die schwache Deklination möglich. Die Übersicht auf der nächsten Seite gibt die jeweils richtige bzw. gebräuchlichere Deklinationsart an. Dabei wurden die seltenen unregelmäßigen Deklinationsformen im Singular weggelassen.

Erhält das Adjektiv die parallele starke oder die schwache Endung?

1. andere unbekannt______ Faktoren 2. alles unnötig______ Gepäck 3. beide gut______ Freunde 4. einige älter______ Kollegen 5. für etliche früher______ Klassenkameraden 6. etliche unbekannt______ Anrufer 7. folgender groß______ Irrtum 8. folgende klein______ Städte 9. mancher treu______ Hund 10. manche klein______ Reparaturen 11. mehrere verdorben______ Konserven 12. sämtliches schadhaft______ Porzellan 13. sämtliche jung______

Pferde 14. solche altbekannt______ Weisheiten 15. solcher unbrauchbar______ Kram 16. viele stark______ Zigarren 17. welcher unverschämt______ Kerl 18. welche jung______ Mädchen

	Singular	Plural	Beispiele
all______	schw.	schw.	alles erdenkliche Gute; alle gut*en* Freunde
ander______		p.	andere möglich*e* Lösungen
beid______		schw.	beide jung*en* Leute
einig______		p.	einige neu*e* Bücher
etlich______		p.	etliche teur*e* Autos
folgend______ (vgl. § 2, Nr. 4)	schw.	p.	folgender schwer*e* Fehler; folgende schwer*e* Fehler
manch______ (vgl. § 2, Nr. 3)	schw.	schw.	mancher gut*e* Arbeiter; manche gut*en* Arbeiter
mehrer______		p.	mehrere gut*e* Schüler
sämtlich______	schw.	schw.	sämtlicher billig*e* Kram; sämtliche neu*en* Bücher
solch______ (vgl. § 2, Nr. 3)	schw.	schw.	solcher grob*e* Unsinn; solche schwer*en* Fehler
viel______ (vgl. § 2, Nr. 5)		p.	viele klein*e* Kinder
welch______	schw.	schw.	welcher gut*e* Freund; welche bunt*en* Blumen

schw. = schwache Deklination des nachfolgenden Adjektivs (= a-Deklination, → Anhang, Tab. 3a), p. = parallele Deklination (= b-Deklination, → Anhang, Tab. 3b), d. h., das hier angeführte Zahladjektiv oder Pronomen und das nachfolgende Adjektiv haben die gleiche (starke) Endung

10 Das Adjektiv als Attribut eines anderen Adjektivs

ein freundlich lächelnder Mann – ein kühles, erfrischendes Bad

Achtung: ein freundlich lächelnd*er* Mann (nicht: ein freundlich*er* lächelnd*er* Mann)

Merke: Wenn ein Adjektiv oder Partizip ein anderes Adjektiv oder Partizip näher bestimmt, bleibt es undekliniert:

ein freundlich lächelnd*er* Mann → *freundlich* bezieht sich auf *lächelnd* (Wie lächelt er? freundlich).
Keine Deklinationsendung für „freundlich".

ein kühl*es*, erfrischend*es* Bad → *kühl und erfrischend* beziehen sich auf *Bad* (Wie ist das Bad? kühl und erfrischend).
Beide Adjektive erhalten die Deklinationsendung.

Kommaregel: Wenn man zwischen die beiden Adjektive ein *und* setzen kann, steht ein Komma: *eine wohltuende und heilende Wirkung;* bei *ein freundlicher alter Mann* steht kein Komma, denn das zweite Adjektiv gehört enger zum Substantiv als das erste.

Setzen Sie die Adjektive und Partizipien ohne „und" vor das Substantiv.

1. ein ______________________________
   ______________ Messer (Es ist alt und rostig.)
2. ein ______________________________
   ______________ Haus (Es ist neu und modern.)
3. eine ______________________________
   ____
   Kücheneinrichtung (Sie ist modern und praktisch.)
4. eine ______________________________
   ____
   Tür (Sie ist groß; sie ist grün gestrichen.)
5. ein ______________________________
   ______________ Teppich (Er ist alt und wertvoll.)
6. ein ______________________________
   ____
   Hund (Er ist groß und aggressiv.)
7. ______________________________
   ____
   Preise (Sie steigen ständig.)
8. ______________________________
   ______________ Blumen (Sie kommen täglich und sind ganz frisch.)
9. ein ______________________________
   ____
   Regen (Er ist kräftig und erfrischend.)
10. ein ______________________________
    ____
    Sandstrand (Er ist schön und fast leer.)

11 Die Deklination des Adjektivs nach „unser" und „euer"

unser neuer Garten – euer guter Wein

Achtung: unser neu*er* Garten (nicht: unser neu*e* Garten)
euer gut*er* Wein (nicht: euer gut*e* Wein)

Merke: Die beiden letzten Buchstaben bei uns*er* und eu*er* sind keine Endungen wie z. B. bei dies*er*, jen*er*, jed*er*. Das nachfolgende Adjektiv folgt (wie das Possessivpronomen) den Regeln der „gemischten Deklinationsreihe" (→ Anhang, Tab. 3c).

Ergänzen Sie die Endungen. Unterscheiden Sie zwischen der Deklination mit bzw. ohne Artikel.

1. unser gut______ Freund, jeder gut______ Freund, mancher gut______ Freund
2. mit eurem schnell______ Auto, euer schnell______ Auto, jedes schnell______ Auto
3. ihr gut______ Recht, euer gut______ Recht, mit gut______ Recht

12 Partizip I oder II?

der fliehende Dieb – der geflohene Dieb – die gelieferte Ware

Achtung: die *eingeatmete* Luft (nicht: die *einatmende* Luft)
die *Öl produzierenden* Länder (nicht: die *Öl produzierten* Länder)

Merke: Das Partizip I *(einatmend, produzierend)* bezeichnet aktive Handlungen,
das weinende Kind = das Kind, das weint
der fliehende Dieb = der Dieb, der flieht
das entstehende Industriegebiet = das Industriegebiet, das entsteht

Das Partizip II *(eingeatmet, produziert)* bezeichnet abgeschlossene Handlungen oder Vorgänge:
die verkaufte Ware = die Ware, die verkauft wurde
der geflohene Dieb = der Dieb, der geflohen ist
das entstandene Industriegebiet = das Industriegebiet, das entstanden ist

Besonderheiten: Bei Reflexivverben fällt das Reflexivpronomen beim Partizip II weg, beim Partizip I jedoch nicht: die *sich erholenden* Feriengäste – die *erholten* Feriengäste.

Formen Sie um, entsprechend den Beispielen.
das Gas, das entsteht – das *entstehende Gas*
das Gas, das entstanden ist – das *entstandene Gas*

1. das Auto, das verkauft wurde ______________________________
2. das Experiment, das gelungen ist ______________________________
3. eine Arbeit, die sich nicht lohnt ______________________________
4. ein Schornstein, der raucht ______________________________
5. die Ware, die geliefert wurde ______________________________
6. das Metall, das geschmolzen ist ______________________________

7. Bürger, die sich informiert haben ______

8. die Schüler, die sich vorbereiten ______

______

9. das Metall, das schmilzt ______

10. der Beamte, der Auskunft gibt ______

______

Formen Sie um und benutzen Sie die Wörter in Klammern.
Bestellte Ware kommt sofort zum Versand. – Ware, *die bestellt wurde,* kommt sofort zum Versand.
Sich gegen die Straßenräuber wehrend, schrie sie laut um Hilfe. (während) *Während sie sich gegen die Straßenräuber wehrte,* schrie sie laut um Hilfe.

11. Endlich ausgeschlafen, setzte er sich an den Frühstückstisch. (nachdem – *Beachten Sie das Tempus!* Vgl. § 5, Nr. 14) ______

______

12. Vorsichtig rührend, gab sie die Milch zu dem Mehl. (während) ______

______

13. Der auf der Straße liegende und laut schreiende Junge wurde von einer Frau aufgehoben und getröstet. (Der Junge, der …) ______

______

______

14. Die bezahlten Rechnungen heben Sie gut auf! ______

______

______

15. Grafisch dargestellt, sieht die Entwicklung folgendermaßen aus. (Wenn man …) ______

______

______

16. Der immer höher steigende Fluss setzte viele Wohnungen unter Wasser. (Dadurch, dass …)

______

______

13 „haben" oder „sein" im Perfekt?

Er hat die ganze Nacht gewacht. – Er ist um sieben Uhr aufgewacht.

Achtung: Ich *bin* sehr spät eingeschlafen. (Nicht: Ich *habe* … eingeschlafen.)
Wir *haben* die ganze Insel umfahren. (Nicht: Wir *sind* … umfahren.)

Merke: Das Perfekt mit *sein* bilden:

a) Verben, die eine Ortsveränderung bezeichnen: *Er ist nach Wien geflogen /gefahren / gegangen / umgezogen. – Wir sind im Park spazieren gegangen / herumspaziert / herumgefahren.*
b) Verben, die eine Zustandsänderung bezeichnen: *Er ist eingeschlafen.* (Aber: *Er hat geschlafen.) – Er ist aufgewacht / gealtert / gewachsen / verhungert / verdurstet / erstickt / gestorben.*
c) die Verben *sein, bleiben, werden.*

Besonderheiten: Leider lässt sich die Regel nicht immer konsequent anwenden:

a) Nimmt nämlich ein Verb der Bewegung ein Akkusativobjekt zu sich, so bildet es das Perfekt mit *haben: Er hat das Auto in den Hof gefahren. – Der Pilot hat das Flugzeug nach Hamburg geflogen.*
b) Desgleichen bilden Verben mit Reflexivpronomen das Perfekt mit *haben: Die Blüte hat sich geöffnet / hat sich geschlossen.*
c) Manche Bewegungsverben bilden das Perfekt mit *haben,* wenn der Vorgang mit seiner Dauer im Vordergrund steht: *Sie hat drei Stunden geschwommen. – Früher habe ich viel gesegelt.* Ist jedoch die Ortsveränderung erkennbar, wird *sein* gebraucht: *Sie ist über den Rhein geschwommen. – Ich bin nach Athen gesegelt.* Allerdings besteht heute die Tendenz, überall *sein* zu gebrauchen.

Anmerkung: *er ist gestanden / ist gesessen / ist gelegen* ist in Süddeutschland und Österreich üblich. Diese Verben im Perfekt mit *sein* zu verbinden, ist nicht hochsprachliche Norm.

„haben" oder „sein"? Geben Sie die jeweilige Regel an.

1. Wir ____________ die Insel mit dem Schiff umfahren. 2. Dann ____________ wir in den nächsten Hafen gefahren. 3. ____________ du gut geschlafen? 4. Ich ____________ sofort eingeschlafen. 5. Gegen drei Uhr morgens ____________ ich aufgewacht. 6. Ich ____________ noch drei Stunden wach im Bett gelegen, dann ____________ ich aufgestanden. 7. Bis acht Uhr ____________ ich im Haus geblieben. 8. Sie ____________ im Februar dreißig geworden.

Setzen Sie die Sätze ins Perfekt.

9. Ich holte das Auto aus der Garage und fuhr in die Stadt. ____________

____

____

10. Julia zieht heute aus. Sie zieht in das Haus ihrer Eltern. ____________

____

11. Ich kam um zehn Uhr nach Hause. Ich zog mich sofort aus und ging zu Bett. ____________

____

____

____

12. Christine spielte am Bach. Dabei fiel sie ins Wasser. Ihr Vater hörte den Schrei, kam sofort angerannt und holte sie heraus. ____________

____

13. Gas strömte aus; es gab eine Explosion. Das Haus fiel zusammen. Drei Personen kamen dabei um.

14. Wir standen zwei Stunden in der Kälte und froren schrecklich.

14 Passivbildung

Man ließ zwei Häuser bauen. – Es wurden zwei Häuser gebaut. – Es sind zwei Häuser gebaut worden.

Achtung: Es *wurden* zwei Häuser *gebaut.* (Nicht: *bauen lassen)*
Es *sind* zwei Häuser gebaut *worden.* (Nicht: *geworden)*
Man *hat* … gebaut. Es *sind* … gebaut worden. (Nicht: *ist*)

Merke:
a) Das Passiv kann mit *lassen* umschrieben werden. Die zwei Formen dürfen jedoch nicht vermischt werden: *Das kann gemacht werden. – Das lässt sich machen.*
b) Das Hilfsverb *werden* hat die Stammformen *wird, wurde, ist geworden: Hans ist 20 Jahre alt geworden.* Im Passiv Perfekt und Plusquamperfekt fällt die Vorsilbe weg: *Das Haus ist (war) 1820 gebaut worden.*
c) Das Subjekt des Aktivsatzes ist nicht dasselbe wie das Subjekt des Passivsatzes. Bei der Umwandlung vom Aktivsatz in einen Passivsatz achte man auf Singular und Plural: *Man hat zwei Häuser bauen lassen. – Zwei Häuser sind gebaut worden.*

Bilden Sie einen Satz im Passiv. Achten Sie auf das Tempus!

1. Man ließ die Schuldigen hereinbringen. ______ 2. Man hat die Bäume fällen lassen. ______ 3. Sicher wird man das scheußliche Denkmal bald beseitigen lassen. ______ 4. Der Kranke ließ sich das Essen in die Wohnung bringen. (… wurde dem Kranken …) ______ 5. Die Uhr lässt sich nicht mehr reparieren. (… kann nicht mehr …) ______

Umschreiben Sie das Passiv mit „lassen".

6. Das Buch wurde neu gedruckt. (Man …) ____ ______________________ 7. Der Fall ist gerichtlich untersucht worden. (Man …) ____________ 8. Die Unterlagen wurden dem Richter gebracht. (Der Richter …) ______________________ ____ 9. Das alte Auto konnte leider nicht verkauft werden. (ohne *können*) ______________________________________ ______________________________________ 10. Die uralte Schrift auf dem Stein kann bis heute nicht entziffert werden. (ohne *können*) ____________________________
____
____

15 Reflexivpronomen im Dativ bzw. Akkusativ

Ich wasche mich. – Ich wasche mir die Hände.

Achtung: Ich habe *mir* den Finger verbrannt. (Nicht: *mich)*

Merke: Bei Verben wie *sich waschen, sich rasieren, sich kämmen, sich ausziehen, sich anziehen, sich verbrennen* u. ä. steht das Reflexivpronomen im Akkusativ, wenn kein Akkusativobjekt dabeisteht: *Ich ziehe mich an. – Ich habe mich verbrannt.*
In einem Satz mit Akkusativobjekt steht das Reflexivpronomen im Dativ: *Ich ziehe mir die Handschuhe an. – Ich habe mir den Fuß verbrannt.*
Bei der Frage steht das Reflexivpronomen im Dativ, wenn die Frage auf das Akkusativobjekt zielt: *Was hast du dir verbrannt? (Den Finger.)*
Aber: *Wo hast du dich verbrannt? (In der Küche.)*

Setzen Sie das Reflexivpronomen ein.

1. Wo wäschst du d________ ? 2. Ich wasche m________ im Bad die Haare. 3. Kämm d________ die Haare bitte nicht am Mittagstisch! 4. Bitte trockne d________ gleich ab! 5. Mit welchem Handtuch hast du d________ die Füße abgetrocknet? 6. „Ich hab m________ verbrannt!" „Wo hast du d________ denn verbrannt? Und was hast du d________ verbrannt?" „Ich hab ________ die linke Hand verbrannt." 7. Ich habe m________ in dem Gasthaus erst einmal aufgewärmt. 8. Du kannst d________ das Essen aufwärmen, wenn du willst. 9. Ich habe m________ schon angezogen. 10. Warum hast du d________ die Wanderschuhe angezogen?

Test 2

Ergänzen Sie die Endungen, wenn es nötig ist.

zu Nr. 1: a) Sehr geehrte Damen und Herr______ ! b) Den letzten Buchstabe______ des Namen______ kann ich nicht lesen. c) Dieser Apparat zeichnet die Ströme des Herz______ auf. d) Hier ist ein Brief von Herr______ Schuetzli.

zu Nr. 2: a) die Rede des Direktor______ Müller______ b) der Untersuchungsbericht des Arzt______ Doktor______ Arnold______ c) die Ansichten unseres Direktor______ d) das Zimmer des Doktor______ e) das Buch Dr. Klüber______ f) die Antworten unseres Kollege______ Heinrich______ Obermüller______

zu Nr. 3: a) Bitte eine Tasse heiß______ Tee! b) Heiß______ Tee tut gut bei der eisig______ Kälte! c) Er sucht selten______ Briefmarken. Er tauscht alt______ Briefmarken gegen wertvoll______ Münzen. d) Rot______ Wein ist mir lieber als weiß______ . Weiß______ Wein vertrage ich nicht gut.

zu Nr. 4: a) die folgend______ interessant______ Briefe b) folgend______ wichtig______ Paragraphen c) mit folgend______ dumm______ Ausrede

zu Nr. 5: a) Mit viel______ herzlich______ Grüßen b) Er hat viel______ Bekannte, aber wenig gut______ Freunde. c) mit viel laut______ Gelächter, ohne viel Neu______ , mit wenig wertvoll______ Schmuck (m).

zu Nr. 6: Dr. Schneiders elegant______ Sportwagen, ... hübsch______ Töchter, ... intelligent______ Kinder, ... wohlhabend______ Eltern

zu Nr. 7: a) Mein Freund, dessen alt______ Haus wir bewohnen, ... b) Mein Mann, mit dessen sämtlich______ Geschwistern ich mich gut verstehe, ... c) Meine Mutter, von deren älter______ Geschwistern keines mehr lebt, ...

zu Nr. 8: a) Auf dem Schiff befanden sich vier Verletzt______ . b) Ein Blind______ und ein Lahm______ gingen zusammen auf Wanderschaft. Der Blind______ trug den Lahm______ , und der Lahm______ führte den Blind______ . c) Vier Krank______ wurden ins Krankenhaus eingeliefert. Ein Krank______ wurde geheilt entlassen.

zu Nr. 10: a) die freundlich______ grüßenden Mädchen. (Sie grüßen freundlich.) b) die hoh______ alt______ Bäume c) die sportlich______ gekleideten Damen d) die festlich______ geschmückten Räume e) die hilflos______ klein______ Kinder

zu Nr. 11: a) unser gut______ Freund b) eure freundlich______ Einladung c) best______ Grüße von eurem früher______ Nachbarn

Test 3

zu Nr. 12: *Bilden Sie das passende Partizip.* a) die ______________________ Ware (stehlen) b) der ______________________ Bankräuber (verhaften) c) die ______________________ Hausfrau (kochen) d) die ______________________ Kinder (spielen) e) das ______________________ Geschirr (spülen) f) die ______________________ Vögel (fliegen) g) das ______________________ Buch (drucken)

zu Nr. 13: *„hat" oder „ist"?* a) Sie __________ die ganze Nacht gewacht. b) Er __________ in die Stadt gefahren. c) Dort __________ er den Wagen in den Schatten gefahren. d) Karl __________ über den Rhein geschwommen. e) Helga __________ die Strecke in drei Minuten 15 Sekunden geschwommen. f) Der Wanderer __________ das Dorf umgangen. g) Erna __________ um den See gegangen.

zu Nr. 14: *Bilden Sie Passivsätze.* a) Man ließ den Angeklagten hereinbringen. ____ b) Die Autonummer ließ sich nicht erkennen. (… konnte nicht …) ____ c) Sofort hat man die Polizei rufen lassen. ____
d) Man hatte das Dach gerade erst neu decken lassen. ____ e) Warum lässt sich denn der Kühlschrank nicht mehr reparieren? (… kann …) ____

____

zu Nr. 15: *„mir" oder „mich"?* a) Ich habe __________ ein paar Brötchen geholt. b) Leider habe ich __________ dadurch verspätet. c) Ich habe __________ wirklich sehr beeilt. d) Ich habe __________ sogar ein Taxi genommen. e) Bei meinem Chef habe ich __________ entschuldigt. f) Ich habe __________ vorgenommen, in Zukunft früher aufzustehen.

§ 3 Typische Kongruenzfehler

1 Kongruenz: Attribut und Beziehungswort

Liebe Frau Maier, lieber Herr Maier

Achtung: *Liebe Frau Maier, lieber Herr Maier* (Nicht: *Liebe Frau und Herr Maier)*

Merke: „Liebe Frau und Herr …" ist grammatisch falsch, denn es bedeutet „Lieb*e* Frau und lieb*e* Herr …". Vereinfachung ist möglich, wenn man die Personen recht gut kennt: *Liebe Maiers,* oder wenn das Ehepaar Kinder hat: *Liebe Familie Maier.*
Aus Gründen der Höflichkeit steht die Anrede der Frau vor der des Mannes.

Formulieren Sie die Anrede nach folgendem Beispiel:

Gisela/Herbert (lieb) – *Liebe Gisela, lieber Herbert*

1. Frau Schreiner / Herr Schreiner (sehr geehrt) ______________________________

____

2. Frau Enders (sehr verehrt) / Herr Dr. Albrecht (sehr geehrt) ______________________

____

3. Frau Kunze (sehr geehrt) / Fritz (lieb) ______________________________

____

2 Kongruenz: Subjekt und Prädikat

Als der Vater mit dem Sohn hereinkam, … – Als Vater und Sohn hereinkamen, …

Achtung: Als der Vater mit dem Sohn *hereinkam, …* (Nicht: *hereinkamen)*

Merke: Im ersten Beispiel oben ist „der Vater" Subjekt des Teilsatzes → das Verb (das Prädikat) steht im Singular. Im zweiten Beispiel sind „Vater und Sohn" Subjekt → das Prädikat steht im Plural.

Regel: Ein Subjekt im Singular verlangt ein Prädikat im Singular, auch wenn beim Subjekt Zusätze mit *samt, nebst, mit, oder, beziehungsweise* o. Ä. stehen: *Das Schiff samt allen Menschen darauf ist im Sturm untergegangen. – Herr Rabe oder Herr Lotz wird die Wandergruppe führen.* Aber: *Herr Rabe und Herr Lotz werden die Wandergruppe führen.*

Singular oder Plural? Ergänzen bzw. vervollständigen Sie das Prädikat.

1. ______________ Hans oder Sigrid heute das Geschirr spülen? (soll/sollen)
2. Vater und Sohn ______________ zusammen ins Schwimmbad. (geht/gehen)
3. Der Richter ______________ sich mit den Geschworenen zur Beratung zurück. (zog/zogen)

4. Das Taxi fuhr weiter, nachdem mein Freund und ich ausgestiegen ________________. (war/waren)
5. Ich saß in meinem Zimmer, als der Hausherr mit dem Architekten in die Wohnung ________________. (kam/kamen)
6. Ich beziehungsweise meine Frau ________________ dir jederzeit helfen. (kann/können)
7. Das Schiff samt Besatzung und allen Passagieren ________________ verschwunden. (blieb/blieben)
8. Vater oder Mutter ________________ dich rechtzeitig informieren. (wird/werden)

3 Kongruenz: Subjekt und Prädikat (Mengen- und Gewichtsangaben)

Eine Menge Leute ist gekommen.

Achtung: Die Alpen *liegen* im Süden der Bundesrepublik. (Nicht: *liegt)*
Zwei Pfund Erbsen *sind* zu wenig. (Nicht: *ist)*

Merke: Falsch gebraucht werden häufig folgende Substantive:
die Familie → Sing. – *die Eltern* → Plural; *die Alpen* → Plural
die Ferien → Plural – *der Urlaub* → Sing.
Bei Mengen- und Gewichtsangaben hält sich der Lerner am besten an folgende Regel: Steht die Mengen- oder Gewichtsangabe im Singular → Prädikat im Singular (auch wenn oft der Plural möglich ist): *Ein Kilogramm Kartoffeln ist genug. – Eine Menge alter Briefmarken lag im Kasten. – Eine Gruppe Jugendlicher stand am Bahnhof. – Ein Paar Schuhe steht noch im Schrank. – Eine Masse Menschen wartete vor dem Rathaus. – Die Hälfte der Kinder kam nicht. – Ein Dutzend Eier ist zu viel!*
Auch bei *Anzahl, Bande, Gruppe, Schar, Reihe* → Sing.: *Eine Bande Jugendlicher brach die Antennen von elf Autos ab.*
Steht die Mengen- oder Gewichtsangabe im Plural → Prädikat im Plural (auch wenn umgangssprachlich der Singular möglich ist): *Zwei Kilo Fleisch sind zuviel. – 500 Mark im Monat sind ein bisschen wenig. – 100 g Zucker werden hinzugegeben. – Zwei Meter Stoff sind zu wenig für ein Kleid. – 20 Prozent der Ware sind geschmuggelt. – 30 Prozent Kohle werden eingeführt.*

Singular oder Plural? Ergänzen Sie das Prädikat.

1. Familie Möller ________________ nach Köln gezogen. (ist/sind)
2. Die Eltern ________________ froh, ihre Kinder wieder zu sehen. (war/waren)
3. Die Alpen ________________ das schönste Gebirge Mitteleuropas. (ist/sind)
4. Die Ferien ________________ leider zu schnell vorbei. (war/waren)
5. Urlaub ________________ die schönste Zeit. (ist/sind)
6. Ein Kilogramm Fleisch ________________ zu wenig. (ist/sind)
7. Das Kilogramm Äpfel ________________ 2,50 Mark. (kostet/kosten)
8. Zwei Kilogramm Fleisch ________________ für neun Personen. (reicht/reichen)

9. Eine Anzahl Häftlinge ________________ aus dem Gefängnis ausgebrochen. (ist/sind)
10. Eine Herde Schafe ________________ auf der Wiese. (weidet/weiden)
11. Eine Menge alter Leute ________________ den Bus. (bestieg/bestiegen)
12. Drei Meter Stoff ________________ für das Kleid. (reicht/reichen)
13. Ein Dutzend Eier ________________ zu viel. (ist/sind)
14. Ein Pfund Kirschen ________________ entkernt. (wird/werden)
15. Etwa 30 Prozent des gesamten Erdöls ________________ im Vorderen Orient gefördert. (wird/werden)
16. Dieses Heft und dieses Buch ________________ mir. (gehört/gehören)
17. Drei Viertel des Vermögens ________________ verloren. (war/waren)
18. Meine Freundin ________________ mit mir ins Theater. (ging/gingen, vgl. § 3 Nr. 2)

4 Kongruenz: Beziehungswort im Plural, Bezug im Singular

es gab zwei Ursachen, die eine war …

Achtung: Sie aßen verschiedene Pilze, *einer* davon war giftig. (Nicht: …, *eine* davon …)

Merke: Der Artikel richtet sich nach dem Genus (m?, f?, n?) des Beziehungswortes: *Sie aßen verschiedenePilze; der eine war giftig (der Pilz;* oder *einer davon war giftig).* (Vgl. Teil 2, § 6)

Wie heißt der Artikel?

1. Es gab zwei Gefahren; ____________ eine war das Wasser.
2. Im Auto saßen zwei Personen; ____________ eine war betrunken.
3. Man machte zwei Experimente; ____________ eine misslang.
4. Das Land hat zwei wichtige Rohstoffe; ____________ eine ist die Steinkohle.
5. Deutschland hat zahlreiche Gebirge; ____________ größte und höchste sind die Alpen.
6. Bremen hat eine ganze Reihe Denkmäler; ____________ berühmteste ist der Roland.
7. Hessen hat viele Heilbäder; ____________ bekannteste ist vielleicht Bad Wildungen.
8. Baden-Württemberg hat mehrere Universitäten; ____________ älteste ist die Universität Heidelberg.

Ergänzen Sie die Endungen.

9. Es gab über zweihundert Schwerverletzte und jed______ einzelne brauchte dringend medizinische Betreuung.
10. In diesem Haus sind acht Behörden untergebracht; bei d______ im Erdgeschoss musst du dein Auto anmelden.

11. Diese Flüssigkeit enthält verschiedene Stoffe; ein______ davon ist giftig.
12. Es waren 22 Frauen im Raum versammelt und jed______ wollte ihre Wünsche vorbringen.
13. In dem Automobilmuseum standen mindestens dreißig alte Autos; jed______ war sorgfältig auf Hochglanz gebracht worden.
14. Im Studentenheim wohnen vierzig Studenten; jed______ hat sein eigenes Zimmer.

5 Kongruenz: Ein Attribut zu zwei Beziehungswörtern

Ein Mann von großer Energie und Ausdauer – Ein Mann von großer Energie und großem Einfluss

Achtung: ein Mann von groß*er* Energie und groß*em* Einfluss (nicht: ein Mann von groß*er* Energie und Einfluss)

Merke: Bei gleicher Adjektivendung ist keine Wiederholung des Adjektivs nötig: *ein Gefühl inniger Liebe und Zuneigung (die* Liebe, *die* Zuneigung) Auch: *eine Atmosphäre des ständigen Misstrauens und Hasses,* oder: *eine Atmosphäre von ständigem Misstrauen und Hass,* denn die Adjektive beim maskulinen und neutralen Substantiv *(der* Hass, *das* Misstrauen) haben im Genitiv und Dativ die gleichen Endungen.

Anmerkung: Statt dasselbe Adjektiv zu wiederholen, verwendet man aus stilistischen Gründen lieber ein anderes treffendes Adjektiv: *ein Mann von erstaunlicher Energie und großem Einfluss.*

Wo ist die Wiederholung des Adjektivs nicht notwendig?
(Lassen Sie die bestimmten Artikel bei der Umformung weg.)

1. eine Politikerin von ______________________________
______________________________ (groß – der Charme, die Beliebtheit)
2. ein Sturm von ______________________________
______________________________ (furchtbar – die Gewalt, die Zerstörungskraft)
3. Inselbewohner von ______________________________
______________________________ (rührend – die Natürlichkeit, die Gastfreundschaft)
4. ein Zeichen seines (+ G) ______________________________
______________________________ (groß – das Entgegenkommen, das Vertrauen)
5. ein Gefühl (+ G) ______________________________
______________________________ (stark – das Unbehagen, der Zweifel)
6. eine Welle von ______________________________

______________________________ (begeistert – die Zustimmung, der Beifall)

7. eine Mahlzeit mit ______________________________ ______________ (frisch – das Brot, der Käse)

8. eine Ausstellung ______________________________ ______________ (teuer – die Automobile, die Sportmoden)

6 Kongruenz: Possessivpronomen und Beziehungswort

das Schloss mit seinen Türmen

Achtung: das Haus und *seine* Bewohner (nicht: *ihre)*

Merke: Die Endungen des Possessivpronomens richten sich in Genus, Kasus und Numerus nach dem darauf folgenden Substantiv.

	m / f / n / Pl.	m / f / n / Pl.			
N	der Vater und sein	- Sohn	-e Tochter	- Kind	-e Kinder
	die Mutter und ihr	-	-e	-	-e
	Die Eltern und ihr	-	-e	-	-e
D	der Vater mit sein	-em	-er	-em	-en Kindern
	die Mutter mit ihr	-em	-er	-em	-en
	die Eltern mit ihr	-em	-er	-em	-en

Wie heißen die Possessivpronomen? Welche Endung haben sie?

1. die Marktfrau und ______________ Kunden (Pl.)
2. der Kaufmann und ______________ Angestellten (Pl.)
3. die Großeltern und ______________ Enkel (Pl.)
4. das Haus und ______________ Mieter (Pl.)
5. der Handwerker und ______________ Werkzeug (n)
6. der Kapitän und ______________ Schiff (n)
7. das Schiff und ______________ Besatzung (f)
8. die Botschaft und ______________ Personal (n)

9. Frau Keller und ______________ Mann
10. Familie Koch und ______________ Nachbarn (Pl.)
11. Professor Heinze und ______________ Studenten (Pl.)
12. Doktor Groß und ______________ Sekretärin (f)
13. Frau Kunz und ______________ Freund (m)
14. Gottfried und ______________ Freundin (f)
15. du und ______________ Geschwister (Pl.)
16. ihr und ______________ Klassenkameraden (Pl.)
17. wir und ______________ Untermieter (m)
18. Sie und ______________ Hund (m)

Und noch einmal die Possessivpronomen.

19. Gisela mit ______________ Eltern (Pl.)
20. die Landschaft mit ______________ Bergen (Pl.) und Tälern (Pl.)
21. der Wald mit ______________ Tieren (Pl.)
22. der Baum mit ______________ Blättern (Pl.)
23. der Holzfäller mit ______________ Säge (f)
24. der Fluss mit ______________ Ufer (n)
25. das Meer mit ______________ Wellen (Pl.)
26. die Gebirgsstraße mit ______________ Kurven (Pl.)
27. die Alpen mit ______________ Schutzhütten (Pl.)
28. die Bäuerin mit ______________ Vieh (n)
29. Dora mit ______________ Verlobten (m)
30. Angelika mit ______________ Schwestern (Pl.)
31. das Haus mit ______________ Vorgarten (m)
32. du mit ______________ Verwandten (Pl.)
33. ihr mit ______________ Ideen (Pl.)
34. wir mit ______________ Plänen (Pl.)

7 Kongruenz: Subjekt und Gleichsetzungsglied

Ein altes Kulturvolk waren die Ägypter.

Achtung: Eine Ursache der Luftverschmutzung *sind* die Industrieabgase. (Nicht: *ist*)

Merke: Im „Gleichsetzungssatz“ wird das Subjekt mit einer Ergänzung im Nominativ gleichgesetzt. Solche Sätze kann man mit *sein, werden* und *bleiben* bilden: *Sein Vater ist* (oder: *wird* bzw. *bleibt) der Präsident des Sportvereins.* Steht *ein* Gleichsetzungsglied im Plural, dann steht auch das Verb im Plural: *Der wichtigste Bestandteil des Sportvereins sind natürlich die aktiven Mitglieder.*

Setzen Sie das Verb ein.

1. Eine Folge zu hohen Alkoholgenusses ____________ heftige Kopfschmerzen. (ist/sind)
2. Die interessanteste Abteilung des Museums ____________ der Raum mit den holländischen Malern. (ist/sind)
3. Das wertvollste Stück der Bibliothek ____________ eine handgeschriebene Bibel aus dem 16. Jahrhundert. (ist/sind)
4. Ein Volk, dessen Provinzen hervorragend verwaltet wurden, ____________ die Römer. (war/waren)
5. Ein wichtiger Erziehungsfaktor im Leben vieler Kinder ____________ die Großeltern. (ist/sind)
6. Friseur ____________ einer aus dieser Klasse, Automechaniker ____________ drei. Die Geschwister Uhl ____________ Arzt. (wird/werden)

8 Kongruenz: Apposition und Beziehungswort

In Bern, der Hauptstadt der Schweiz, …

Achtung: In Bern, *der* Hauptstadt der Schweiz, … (Nicht: In Bern, *die* Hauptstadt der Schweiz)

Merke: Die Apposition steht in der Regel im gleichen Fall wie das Beziehungswort: *Herr Meier, der Leiter des Instituts, ist erkrankt. – die Werke Vivaldis, eines bedeutenden Vertreters der Barockmusik – in München, der Hauptstadt Bayerns – Sie sehen die Zugspitze, den höchsten Berg der deutschen Alpen.*

Ergänzen Sie die Apposition dort, wo der Stern ist.

Ich bin in Bern * geboren. (die Hauptstadt der Schweiz)
Ich bin in Bern, *der Hauptstadt der Schweiz,* geboren.

1. Der Redner dankte Dr. Weigand *. (der Bürgermeister der Stadt) ____________

____

____

2. Sie hörten dem Redner * interessiert zu. (ein Fachmann für Gartenbau) ____________

____

____

3. Ich sprach mit Herrn Lander * . (der Leiter der Reisegruppe) ______________________

____

____

4. Die Reisegruppe verweilte in Hameln an der Weser *. (eine Stadt mit zahlreichen historischen Gebäuden) ______________________

____

5. Eine Fahrt auf der Weser * schloss sich an. (einer der größten Flüsse Deutschlands) ______

____

____

6. Das Schiff brachte die Gruppe zur Freien Hansestadt Bremen *. (das kleinste Land der Bundesrepublik) ______________________

____

____

____

9 Kongruenz: Relativpronomen und Beziehungswort

Der Schlüssel, der ... (dessen ..., dem ..., den ...)

Achtung: Ein Hund, *dessen* ... (Genus beachten! Nicht: Ein Hund, *deren* ...)
Ein Junge, *dem* man drohte, ... (Kasus beachten! Nicht: ..., *den* man drohte, ...)

Merke: Das Relativpronomen richtet sich ...

in Genus und Numerus nach dem Beziehungswort: m / f / n / Pl. ◀	im Kasus nach dem Relativsatz: N / G / D / A ▶
Der Student	, *der* hier wohnt (*dessen* Freundin Medizin studiert / *dem* ich helfe / *den* ich suche), ...
Die Leute	, *die* warten (*deren* Kinder weinen / *denen* wir gratulieren wollen / *die* gesucht werden), ...

Ergänzen Sie die Relativpronomen.

1. Der Bodensee, ..., ist der größte See der Bundesrepublik.
   a) ____________ tiefste Stelle 395 m beträgt
   b) ____________ in Teilen auch zur Schweiz und zu Österreich gehört
   c) auf ____________ im Sommer oft Hunderte von Segelbooten zu sehen sind
   d) ____________ der Rhein durchfließt

2. Die Studentin, …, kommt aus Chile.

a) ____________ Interessantes aus ihrer Heimat zu erzählen weiß

b) ____________ man ein Zimmer versprochen hat

c) ____________ gesucht wird

d) ____________ Eltern fast jede Woche einmal anrufen

3. Dieses Schloss, …, wird von vielen Touristen besucht.

a) in ____________ heute ein Altersheim untergebracht ist

b) ____________ im Auftrag König Ludwigs II. erbaut wurde

c) ____________ Mittelteil aus einem großen Festsaal besteht

d) ____________ man schon von weitem an seinen vielen Türmen erkennt

4. Die Arbeiter, …, fühlen sich benachteiligt.

a) ____________ entlassen wurden

b) ____________ gekündigt wurde

c) ____________ zur Zeit streiken

d) mit ____________ die Betriebsleitung verhandelt

10 Kongruenz: Das Pronomen im nachgestellten Teilsatz und sein Beziehungswort im vorangestellten Teilsatz

Wenn man …, muss man … – Wenn jemand …, kann er …

Achtung: Wenn *man* rauchen will, muss *man* ins Raucherabteil gehen. (Nicht: … muss *er* …)

Merke: Jeder Haupt- und jeder Nebensatz (nicht aber die Infinitivkonstruktion! Vgl. § 5, Nr. 20–23) hat ein Subjekt. Auch wenn das Subjekt im Haupt- und im Nebensatz das gleiche ist, wie in dieser Übung, muss es im Nebensatz (ggf. als Personalpronomen) wiederholt werden: *Wenn Herrr Lotz spazieren geht, nimmt er seinen Hund mit. – Wenn man nicht viel Geld hat, muss man sparsam leben.* Wichtig: Für *man* darf im nachgestellten Satz kein Personalpronomen stehen!

Besonderheiten: a) Auf *jemand, irgendeiner* oder *irgendwer* bezieht sich im nachgestellten Teilsatz das Personalpronomen *er: Wenn jemand noch Fragen hat, kann er nachher zu mir kommen.* b) Wenn *Fräulein* in Verbindung mit einem Namen steht, verwendet man beim Pronomen nicht das grammatische Geschlecht *(es)*, sondern das natürliche *(sie): Hier ist Fräulein Lehmann. Sie ist Angestellte.* c) Auf das unpersönliche *es* folgt *man: Es ist anstrengend, wenn man immer früh aufstehen muss.*

Personalpronomen oder „man“?

1. Obwohl *die Reisenden* viel von der Freundlichkeit der Bevölkerung gehört hatten, waren ________ von ihrer Gastfreundschaft überrascht. 2. Wenn *man* die Sicherheitsvorschriften im Bergwerk nicht beachtet, braucht ________ sich über Unfälle nicht zu wundern. 3. Wenn

wir Glück haben, können ________ von der Bergspitze die Alpen sehen. 4. Als *man* die Größe der Erdbebenschäden erkannte, rief ________ auch das Ausland zu Hilfe. 5. Wenn *jemand* etwas verloren hat, kann ________ im Fundbüro nachfragen. 6. Wenn *irgendeiner* noch Fragen hat, soll ________ sich melden. 7. Bevor *Familie Göbel* in Urlaub fuhr, hat ________ die Wohnungsschlüssel den Nachbarn gegeben. 8. Als *Fräulein Roth* nach Hause kam, fand ________ ein Telegramm im Briefkasten.

Test 4

zu Nr. 2: *Ergänzen Sie das Prädikat.* a) Als der Gastwirt mit einem Polizisten den Saal ____________________, verstummten die Gäste. (betrat/betraten) b) Nach kurzer Pause ____________________ der Bürgermeister und die Stadtverordneten in den Sitzungssaal zurück. (kehrte/kehrten) c) Als der Tennis-Champion mit seinem Trainer ____________________, klatschten die Zuschauer vor Begeisterung. (erschien/erschienen) d) Das Haus und der Garten ____________________ meinem Onkel. (gehört/gehören)

zu Nr. 3: *Ergänzen bzw. vervollständigen Sie das Prädikat.* a) Zwei Zimmer ________ ________ die Familie im Hotel bestellt. (hatte/hatten) b) Zu Weihnachten ________ ________ die Eltern für jedes Kind eine Überraschung bereit. (hatte/hatten) c) In diesem Jahr ____________________ die Sommerferien schon sehr früh. (beginnt/beginnen) d) Ein Kilogramm Tomaten ____________________ DM 2,30. (kostet/kosten) e) Eine Anzahl ausländischer Studenten ____________________ das Studium abgebrochen. (hat/haben)

zu Nr. 4: *Ergänzen Sie die Endungen.* a) Es gibt hier zwei Berufsschulen; ein______ liegt im Süden der Stadt, d______ andere in der Stadtmitte. b) Rechtsanwalt Vogel besitzt zwei Häuser; ein______ hat er vermietet, d______ andere bewohnt er selbst. c) Die große Wohnung hat zwei Badezimmer; ein______ benutzen die Kinder, d______ andere die Eltern. d) Dem Forscher sind zwei Schlangen entflohen; ein______ davon ist hochgiftig.

zu Nr. 5: *Welche Sätze sind grammatisch falsch?* a) Die Schauspielerin war eine Frau von großem Charme und Schönheit. b) Die Kinderbücher waren mit großem Geschick und viel Humor illustriert. c) Die Haflinger sind eine Pferderasse von großer Zähigkeit und Bedürfnislosigkeit. d) Schäferhunde sind bekannt für ihre große Wachsamkeit und Mut.

Falsch: ____

zu Nr. 6: *Ergänzen Sie die Possessivpronomen.* a) der Hund und ____________ Herr b) der Trainer und ____________ Mannschaft c) die Dame mit ____________ Begleiter d) die Stadt und ____________ Umgebung e) das Haus mit ____________ Garten f) die Schüler mit ____________ Lehrern g) die Tochter mit ____________ Freundinnen

zu Nr. 7: *„war" oder „waren"?* a) Der Grund für seinen Ärger ____________ die lauten Motorräder. b) Die Ursache ihrer Klagen ____________ die feuchte Wohnung. c) Eine Folge der Trockenheit ____________ die schlechten Getreideernten in großen Teilen Mitteleuropas.

zu Nr. 8: *Ergänzen Sie den Artikel.* a) In Wien, d_____ Hauptstadt Österreichs, gibt es zahlreiche Museen. b) Sie müssen sich an Herrn Sedlmeyer, d_____ Leiter der Kulturabteilung, wenden. c) An der Donau, d_____ längsten Strom Europas, blieben wir für eine Nacht.

zu Nr. 9: *Ergänzen Sie die Relativpronomen.* a) Schloss Schönbrunn, d____________ täglich von vielen hundert Touristen besucht wird, liegt im Südwesten von Wien. b) Das Schloss, d____________ den Habsburgern als Sommerresidenz (= Sommerwohnsitz) diente, gehört zu den schönsten Europas. c) Maria Theresia, nach d____________ Plänen das Schloss zuletzt umgebaut wurde, lebte von 1717 bis 1780. d) Sie, d____________ sechzehn Kindern das Leben geschenkt hat, gilt als Gründerin des Volksschulunterrichts in Österreich.

zu Nr. 10: *Ergänzen Sie die Pronomen.* a) Wenn jemand noch Fragen hat, kann ________ sich nachher an mich wenden. b) Wenn man A gesagt hat, muss ________ auch B sagen. c) Frau Ursula Mai bekommt einen Studienplatz an der Universität Heidelberg. ________ hat das beste Abiturzeugnis der Klasse. d) Es macht betroffen, wenn ________ die vielen Soldatengräber entlang der deutsch-französischen Grenze sieht. e) Wenn sich irgendeiner beschweren will, muss ________ zum Direktor gehen.

§ 4 Typische Rektionsfehler

1

abpacken – packen – unterbringen

etwas (A) abpacken (packte ab, hat abgepackt) in (+ A) in kleinere Mengen teilen und verpacken: *Die Briefmarken wurden zu 100 Stück in kleine Tüten abgepackt.*

etwas (A) packen in einen Koffer, Karton, in eine Tasche usw. legen: *Hast du den Koffer schon gepackt? – Ich packe die Taschentücher in den Karton.*

jdn./etwas unterbringen (bringt unter, brachte unter, hat untergebracht in/bei [+ D]) Platz finden für jdn./etwas: *Ich habe die Kisten im Keller untergebracht. – Die Ferienkinder wurden in einer Schule untergebracht.*

Ergänzen Sie die Endung:

1. Die Schmuggler hatten das Heroin in viel_____ klein_____ Päckchen untergebracht.
2. Sie hatten die Päckchen in ein_____ Koffer mit doppeltem Boden untergebracht.
3. Die Mutter hat den Kindern ein Frühstück in d_____ Schultasche gepackt.
4. Die Gäste sind in ein_____ Gasthaus untergebracht.
5. Wie soll ich all die Hemden in dies_____ Koffer unterbringen?
6. Du kannst ja noch etwas in d_____ Tasche packen.

Setzen Sie das passende Verb in der richtigen Form ein.

7. Ihr braucht nicht ins Hotel zu gehen, wir können euch bei uns _______________ .
8. Das Medikament wurde in viele kleine Kapseln _______________ .
9. Hilf mir bitte den Koffer _______________ !
10. Ich kann die Bücher nicht alle in meinem Bücherschrank _______________ .
11. Die Ware muss noch in Tüten _______________ werden.

2

achten (auf) – beachten – beobachten

Achtung: Er *achtete* nicht *auf* die Gefahr. (Nicht: Er *beachtete* nicht *auf* die Gefahr.)

a) **jdn. achten (achtete, hat geachtet)** – b) **achten auf jdn./etwas**
a) schätzen, respektieren: *Sie achteten ihn wegen seines Fachwissens.*

b) Beachtung, Aufmerksamkeit schenken; aufpassen: *Achten Sie bitte auf folgende Regel! – Du hast wieder nicht auf die Vorfahrt geachtet.*

jdn./etwas beachten (beachtet, beachtete, hat beachtet) achten auf jdn./etwas, jdm./etwas Aufmerksamkeit schenken: *Man beachtete ihn / den Vorschlag / die Vorschriften nicht. – Beachten Sie folgende Regel!*

jdn./etwas beobachten (beobachtet, beobachtete, hat beobachtet) etwas über eine gewisse Zeit genau mit den Augen verfolgen; etwas überwachen: *Der Student soll die Entwicklung der Zellen genau beobachten.*

Was ist richtig: „geachtet“, „beachtet“ oder „beobachtet“?

1. Alle Bewegungen des Spions wurden schon seit langem ______________ .
2. Der Busfahrer hat nicht auf das Verkehrszeichen ______________ .
3. Der Tierfotograf hat den Adler viele Wochen lang ______________ .
4. Hätten Sie die Zollvorschriften ______________ , so brauchten Sie jetzt keine Strafe zu zahlen.
5. Er bemühte sich, freundlich zu ihr zu sein, aber sie hat ihn gar nicht ______________ .
6. Ich habe gar nicht darauf ______________ , was er gesagt hat.

3

antworten – beantworten – erzählen

jdm. antworten (antwortet, antwortete, hat geantwortet) auf (+ A) *Ich habe meinem Freund auf seinen Brief noch nicht geantwortet. – Warum antwortest du mir nicht?*

jdm. etwas (A) beantworten *Beantworte mir bitte meine Frage! – Du hast meinen Brief noch nicht beantwortet.*

jdm. etwas (A) erzählen (erzählte, hat erzählt) *Sie erzählt dem Jungen eine Geschichte.*

Ergänzen Sie.

1. Sie antworteten nicht auf sein______ Fragen. 2. Antworte mi______ bitte! 3. Erzähl mi______ d______ Geschichte bitte ein andermal! 4. Wir beantworten Ihr______ Fragen umgehend. 5. Auf mein______ Brief hat er mi______ bis heute nicht geantwortet.

Setzen Sie das passende Verb in der richtigen Form ein.

6. Diese Frage möchte ich jetzt nicht ______________ . 7. Auf meine Anfrage hat er bis heute nicht ______________ . 8. Ich habe ihm nichts von dem Unfall ______________ . 9. ______________ Sie mir die Frage möglichst genau! 10. ______________ mir bitte keine Märchen!

4

arbeiten an – bearbeiten

arbeiten (arbeitet, arbeitete, hat gearbeitet) an (+ D) z. B. an einer Lösung / an einer Aufgabe / an einem Projekt: *Der Ingenieur arbeitet an einem Plan für ein Stauwerk.*

jdn./etwas bearbeiten an etwas, z. B. einem Stück Holz / einem Stein arbeiten; einer Sache eine Form geben: *Er bearbeitet den Garten. – Sie bearbeitet den Text für ihre Rede;* versuchen, jdn. zu überzeugen (fig.): *Sie haben ihn so lange bearbeitet, bis er schließlich zustimmte.*

Ergänzen Sie.

1. Der Künstler bearbeitet d______ Stein.
2. Er arbeitet an d______ steinern______ Figur.
3. Der Autor bearbeitet d______ Inhaltsverzeichnis.
4. Der Schriftsteller arbeitet an sein______ Roman.
5. Wir haben ih______ so lange bearbeitet, bis er sich schließlich bereit erklärt hat mitzugehen.

„arbeiten" oder „bearbeiten"?

6. Er ____________________ jeden Abend bis zehn Uhr.
7. Der Künstler ____________________ zurzeit einen Marmorblock. (Marmor = hartes Gestein)
8. Der Bauer ____________________ nur noch ein kleines Stück Land.
9. Fritz ____________________ wieder an seinem Motorrad.
10. Der Vertreter hat Bastian so lange ____________________, bis er den Kaufvertrag schließlich unterschrieben hat.

5

jdn. bedrohen – jdm. drohen – drohen

jdn. bedrohen (bedrohte, hat bedroht)
a) jdm. etwas Gefährliches oder Unangenehmes in Aussicht stellen: *Der Bauer bedrohte die Wanderer mit der Mistgabel.* b) gefährlich sein für etwas: *Ein Wolkenbruch bedrohte das Dorf.*

jdm. drohen mit (+ D) jdn. (z. B. mit dem Finger, mit Worten) warnen oder jdm. etwas Schlimmes in Aussicht stellen: *Der Chef drohte ihr mit Kündigung. – Er drohte ihr, dass er sie entlassen würde / … ihr, sie zu entlassen.*

etwas droht (+ Infinitivkonstruktion) möglicherweise passieren: *Die Milch auf dem Herd stieg im Topf und drohte überzulaufen. – Das Gebäude drohte einzustürzen.*

Ergänzen Sie die Endung.

1. Der Bauer schimpfte und drohte d______ Apfeldieb mit dem Stock.
2. Der Hausherr drohte d______ Studentin mit der Kündigung.
3. Die Sturmflut bedrohte d______ Küstenbewohner.
4. Sie bedrohte ihr______ Mann mit dem Küchenmesser.

„bedrohen" oder „drohen"? Setzen Sie das passende Verb in der richtigen Form ein.

5. Das Hochwasser ____________________ die ganze Unterstadt. (Präs.)
6. Der Gangster ____________________ den Kassierer in der Bank mit der Pistole. (Prät.)
7. Die Sturmflut ____________________ , die ganze Tiefebene unter Wasser zu setzen. (Prät.)
8. Mein Nachbar ____________________ mit einer Anzeige wegen nächtlicher Ruhestörung. (Prät.)

6

begegnen – treffen – sich treffen mit

jdm. begegnen (begegnet, begegnete, ist begegnet) durch Zufall mit jdm. zusammentreffen: *Gestern bin ich auf der Treppe meinem Hauswirt begegnet.*

jdn. treffen (trifft, traf, hat getroffen) durch Zufall mit jdm. zusammenkommen: *Auf einer Wanderung traf er einen früheren Klassenkameraden.*

sich mit jdm. treffen auf Verabredung irgendwo zusammenkommen: *Er trifft sich mit seinen Sportkameraden jeden Dienstagabend.*

Ergänzen Sie.

1. Gestern traf ich mein______ Freund auf der Straße.
2. Sie traf sich mit ihr______ Freundin im Café.
3. Am Postamt begegnete ich mein______ Nachbarn.
4. Wenn ich ih______ begegne, werde ich ihn von dir grüßen.

Ergänzen Sie den Satz.

5. Sie reisten nach Paris; dort wollten sie ____________________ .
6. Nein, nicht ins Café Kranzler! Dort ____________________ wir bestimmt wieder diesen schrecklichen Kerl.
7. Also diesem seltsamen Menschen möchte ich ja nicht nachts im Wald ____________________ ____________________ !
8. Wenn ich den mal ____________________ , dann werde ich ihm die Meinung sagen!

7

beißen – schlagen – stechen – treten

Besonderheit: Wenn diese Verben auf einen Körperteil bezogen werden, kann die Person im Dativ oder Akkusativ stehen; üblicher ist der Dativ: *Der Hund hat ihm* (auch: *ihn) ins Bein gebissen.*
Bei einem unpersönlichen Subjekt steht der Dativ: *Das Seil schneidet mir in die Hand.*

beißen (beißt, biss, hat gebissen) *Ein Pferd hat mich gebissen. – Ich habe mir* (auch: *mich) auf die Zunge gebissen.* – Aber: *Der Rauch beißt mir in den Augen.*

schlagen (schlägt, schlug, hat geschlagen) *Sie schlägt den Jungen. – Er hat mit der Hand auf den Tisch geschlagen. – Er schlägt einen Nagel in die Wand. – Die Uhr hat zwölf geschlagen.*

(sich) schneiden (schneidet, schnitt, hat geschnitten) *Er hat sich beim Rasieren geschnitten. – Sie schneidet das Brot mit der Hand. – Ich habe mir* (auch: *mich) in den Finger geschnitten.*

(sich) stechen (sticht, stach, hat gestochen) *Eine Biene hat ihm* (auch: *ihn) in den Arm gestochen. – Pass auf, dass du dir* (auch: *dich) mit der Nadel nicht in den Finger stichst. – Er stach ihr das Messer in den Rücken.*

treten (tritt, trat, hat/ist getreten) (vgl. Heft 2, § 9b) *Er hat mich getreten. – Er hat mir* (auch: *mich) auf den Fuß getreten. – Er hat dem Fußballspieler* (auch: *den Fußballspieler) ans Bein getreten.*

Merke: *treten* bildet das Perfekt mit *sein,* wenn damit eine Bewegung von einem Ort zu einem anderen gemeint ist: *Er ist vor die Tür / ins Zimmer getreten.*

„mir" oder „mich"?

1. Wird der Hund __________ auch nicht beißen? 2. Der Friseur hat __________ ins Ohr geschnitten. 3. Der Wind schneidet __________ ins Gesicht. 4. Das Hautöl beißt __________ in den Augen. 5. Das Gas sticht __________ in der Nase. 6. Ich habe __________ mit der Nadel in den Daumen gestochen. 7. Mein Vater hat __________ nie geschlagen. 8. Sie hat __________ versehentlich auf den Fuß getreten. 9. Die Biene hat __________ in die Lippe gestochen. 10. Warum trittst du __________ ?

8

beraten – raten

jdn. beraten (berät, beriet, hat beraten) in (+ D) *Können Sie mich in dieser Fachfrage beraten? – Beim Hauskauf berät Sie der Makler Jo Möller.*

jdm. raten (zu + D) *Er riet mir zu diesem Kauf. – Er rät mir, das Bild zu kaufen. – Würden Sie mir auch zu diesem Auto raten?*

Wie heißt das Pronomen?

1. Mein Bruder berät mi______ in Steuersachen.
2. Ich rate di______ , dich warm anzuziehen.
3. Kannst du mi______ bei der Gartenarbeit beraten?
4. Ich rate di______ , die Obstbäume schon im Herbst zu beschneiden.
5. Er riet mi______ zum Ingenieurstudium.

„beraten" oder „raten"? Setzen Sie das passende Verb in der richtigen Form ein.

6. ________________ können mich viele, entscheiden muß ich allein.
7. Wir haben lange ________________ , wie wir ihnen helfen können.
8. Der Chef ________________ Otto, den Lehrgang mitzumachen. (Prät.)
9. Wem nicht zu ________________ ist, dem ist auch nicht zu helfen. (Sprichwort)

9

danken – sich bedanken bei

sich bedanken (er bedankte sich, er hat sich bedankt) bei jdm. für etwas (A) *Ich habe mich bei meinem Nachbarn für seine Hilfe bedankt.*

jdm. danken (dankte, hat gedankt) für etwas (A) *Ich danke dir für deinen Rat.*

Ergänzen Sie.

1. Ich habe mein______ Schwester für ihr______ Rat gedankt.
2. Sie bedankte sich bei ihr______ Freundin für d______ schön______ Geschenk.
3. Warum bedankst du d______ nicht bei dein______ Freund für sein______ Hilfe?
4. Haben Sie Ihr______ Kollegen (Sing.) schon für d______ gut______ Zusammenarbeit gedankt?

Bilden Sie Sätze.

5. er / für meine Hilfe beim Umzug / sich bedanken (Prät.) ____
6. wir / jetzt / bei / die Gastgeberin / für das ausgezeichnete Essen / sich bedanken (Präs.) ____
7. ich / meine Schwester / für die Erledigung der Briefe / danken (Perf.) ____

8. der Politiker / bei / die Parteifreunde / für die Wiederwahl / sich bedanken (Prät.) ______

______

______

10

fahren, gehen, laufen – herumfahren, spazieren gehen, herumlaufen

fahren (fährt, fuhr, ist gefahren)
gehen (ging, ist gegangen)
laufen (läuft, ist gelaufen)
Meist wird die Richtung auf ein Ziel angegeben; die Frage lautet *wohin?* → Akkusativ: Er fährt *in die Stadt.* – Er geht *in den Wald.* – Sie laufen *auf die Wiese.* Wenn nicht die Richtung angegeben ist, sondern der Ort, so lautet die Frage *wo?* → Dativ: Sie laufen alle *auf der Straße,* nicht *auf dem Bürgersteig. – Ich fahre nicht gern Auto in der Stadt.*

herumfahren – spazieren gehen – herumlaufen Man fragt immer *wo?* → Dativ: Die Kinder laufen *im Garten* herum. – Die alten Leute gehen *im Park* spazieren. – Der Junge fährt mit dem Moped *in der Stadt* herum.
Auch *Rad fahren, Schi* (auch: *Ski) laufen* oder *fahren, Schlittschuh laufen, Eis laufen* verlangen den Dativ: Wir sind *auf dem Bergsee* Schlittschuh gelaufen. – *Im Gebirge* Rad zu fahren ist mühsam. Aber: Wir sind mit dem Rad *ins Gebirge* gefahren.

Zur Rechtschreibung: *R*ad fahren, ich fahre *R*ad, fuhr *R*ad, bin *R*ad gefahren, *R*ad zu fahren; – *E*is laufen, ich laufe *E*is, lief *E*is, bin *E*is gelaufen; *E*is zu laufen

Artikel im Akkusativ oder Dativ?

1. Er fuhr in d______ Türkei. 2. Die Kinder fuhren auf d______ Marktplatz herum. 3. Die Leute sollen nicht auf d______ Straße laufen, sondern auf d______ Bürgersteig. 4. Ein Junge lief vom Haus auf d______ Straße. 5. Ich gehe in d______ Park. 6. Die Leute laufen in d______ Park herum. 7. Wir gingen in d______ alten Stadtwald spazieren. 8. Ich fahre das Auto in d______ Garage. 9. Gehst du in d______ Stadt? 10. Die Touristen gehen in d______ Kirche herum und schauen sich alles an. 11. Viele Nordländer fahren im Urlaub in d______ Süden. 12. Er ist lange Zeit in d______ Gebäude herumgelaufen, um das Fundbüro zu finden. 13. Geh nicht auf d______ Eis; es ist noch nicht fest genug! 14. Ein Kind lief auf d______ Eis Schlittschuh und brach ein. 15. Kinder, ihr könnt auf d______ Hof Rad fahren, so lange ihr wollt, aber nicht auf d______ Straße!

11

auf der Straße fahren – die Straße befahren – im Park herumfahren

Achtung: Solange die Menschen *die Meere befahren* ... (Nicht: ... *auf die Meere* ...)

fahren (fährt, fuhr, hat/ist gefahren) (vgl. § 2, Nr. 13) Er fährt (vom Hof) *auf die Straße.* – Der Radfahrer fährt *auf der Straße* (und nicht auf dem Bürgersteig).
Merke: Ist die Bewegung auf ein Ziel gerichtet → Frage *wohin?* → Akkusativ. Er fährt *auf die Hauptstraße / in den Hof.*
Steht der Ort, wo gefahren wird, im Vordergrund → Frage *wo?* → Dativ. Er fuhr *auf dem Feldweg,* als plötzlich ...

befahren (befährt, befuhr, hat befahren) (+ A) *Die Straße wird sehr stark von Lastwagen befahren. – Die Brücke darf nicht mehr befahren werden.*
Merke: *befahren* ist auf das Objekt gerichtet: *Er befährt die Autobahn / den Ozean / die Eisfläche.*
Besonderheit: Das Verb wird häufiger im Zustandspassiv oder als Substantiv verwendet: *Die Straße ist stark befahren* (= benutzt). – *Das Befahren des Weges mit Krafträdern ist verboten.*

herumfahren (fährt herum, fuhr herum, ist herumgefahren) in/auf (+ D) *Er fährt mit dem Rad im Park herum. – Der Bub ist mit dem Dreirad im Zimmer herumgefahren.*
Merke: Es gibt kein Ziel; der Ort, wo gefahren wird, ist angegeben. Frage *wo?* → Dativ. Den Dativ verlangen auch: *hin- und hergefahren (fährt hin und her, ...), auf- und abfahren (fährt auf und ab, ...), spazieren fahren (fährt spazieren, ...).*

Setzen Sie das passende Verb in der richtigen Form ein.

1. Er ______________ von der Straße in den Hof. (Präs.)
2. Fritzchen ______________ mit dem Rad im Hof ______________ . (Präs.)
3. Er darf aber nicht auf die Straße ______________ .
4. Es ist verboten, diese Straße zu ______________ .
5. Morgen ______________ der Fischer mit dem Boot auf den See. (Präs.)
6. Die Jungen ______________ mit ihren Mopeds auf dem Eis ______________ . (Prät.)
7. Als er mit 120 Stundenkilometern auf der Autobahn ______________ , platzte plötzlich ein Reifen. (Prät.)
8. Die Autobahn darf nicht von Radfahrern ______________ werden.

12

folgen – befolgen

jdm./etwas folgen (folgte, hat/ist gefolgt) a) hinterhergehen; der/die/das Nächste sein: *Die Polizei ist dem Dieb gefolgt. – Dem Experiment folgte eine genaue Untersuchung.* b) gehorchen, sich nach jds. Weisung oder Befehl richten: *Das Kind hat der Mutter nicht gefolgt. – Er folgt dem Rat des Automobilclubs.*

etwas (A) befolgen (befolgte, hat befolgt) tun, sich richten nach den, was gesagt/geraten/befohlen wurde, z. B. ein Gesetz, einen Befehl, einen Vorschlag befolgen: *Die Pfadfinder befolgten den Rat des Gruppenführers.*

Ergänzen Sie die Endung.

1. Er folgte mein______ Ratschlag. 2. Der Hund folgt sein______ Herrn aufs Wort. 3. Achtung! Bitte befolgen Sie unbedingt d______ Bedienungsvorschriften für dieses Gerät! 4. Warum hast du mein______ Rat nicht befolgt? 5. Die Schafe folgen d______ Leittier.

„folgen" oder „befolgen"? Setzen Sie das passende Verb in der richtigen Form ein.

6. Der Bastler ____________________ genau die Anleitung zum Bau des Modellfliegers. (Prät.) 7. Der Hund ist der Spur des Einbrechers ____________________ . 8. Wir werden der Einladung unserer Verwandten nicht ____________________ . 9. Er bereute es, den Rat seines Bruders ____________________ zu haben. (Partizip Perfekt) 10. Der junge Mann nahm seine Medizin und ____________________ genau die Anweisungen des Arztes.

13

forschen – erforschen

Achtung: Sie wollten die Lebensgewohnheiten bestimmter Tierarten *erforschen.* (Nicht: *forschen*)

forschen (forschte, hat geforscht) nach jdm./etwas versuchen, durch intensives Bemühen etwas zu erkennen oder zu finden: *Wissenschaftler forschen seit langem nach den Ursachen der Erdbeben. – Spezialisten forschen nach der Ursache des Brandes.*

erforschen (erforschte, hat erforscht) (+ A) etwas (wissenschaftlich) genau ergründen, versuchen herauszubekommen: *Die Wissenschaftler erforschen das unbekannte Urwaldgebiet/den Vorgang der Zellteilung/die Verbreitung der Viren. – Er versuchte, die wirkliche Meinung des Politikers zu erforschen.*

Ersetzen Sie das Verb durch das jeweils andere.

1. Die Expedition sollte die Lebensbedingungen von Tieren und Pflanzen in der Antarktis erforschen. ______________________________

____

____

2. Er forschte nach den Anfängen des Lebens auf der Erde. ______________________________

____

3. Der Biologe erforschte die Lebensgewohnheiten der Kleintiere in Süßwasserseen. ________

---

4. Viele Fachleute forschen nach den Ursachen des Waldsterbens. ______

„erforschen“ oder „forschen nach“? Setzen Sie das passende Verb in der Präsensform ein.

5. Zahlreiche Institute ______ neue Möglichkeiten der Energiegewinnung.
6. Tausende von Wissenschaftlern ______ den Ursachen der Krebskrankheit und nach den Möglichkeiten ihrer Bekämpfung.
7. Die Zollbehörde ______ der Quelle des Rauschgiftschmuggels.
8. Mit einem Ballon ______ die Meteorologen Windgeschwindigkeit und Lufttemperatur in größerer Höhe.

14

geben (es gibt) – haben – sein – werden

es gibt (gab, hat gegeben) (+ A) Es gibt *keinen Kuchen* mehr.

haben (hat, hatte, hat gehabt) (+ A) Er hat *einen Bruder.*

sein (ist, war, ist gewesen) (N + sein + N) *Der Gärtner* war *der Mörder.* (Vgl. § 3, Nr. 7)

werden (wird, wurde, ist geworden) (N + werden + N) *Dieser Junge* wurde *der Sprecher* der Klasse. (Vgl. § 3, Nr. 7)

Nominativ oder Akkusativ?

1. Bei dem Unfall gab es ein______ Verletzten.
2. Der Verletzte ist d______ Fahrer des Wagens gewesen.
3. Er hat jetzt ein______ Verband um den Kopf. *(der Verband, ¨e)*
4. Für den Unfall gibt es ein______ Zeugen.
5. Der Zeuge ist ein______ Gärtner der Stadtverwaltung.
6. Der Fahrer hatte ein______ Mercedes.
7. Der Wagen ist nur noch ein______ Haufen Schrott. *(der Haufen, -) (Schrott* = nicht mehr verwendbarer Gegenstand aus Metall)
8. Herbert wurde d______ Sprecher der Gruppe.
9. Alfons wird bestimmt ein______ gut______ Kaufmann.
10. Hattet ihr ein______ schön______ Tag? – Ja, es war ein______ herrlich______ Tag!

15

hören – zuhören

jdn./etwas hören (hörte, hat gehört) *Hörst du mich? – Man hörte die Turmuhr schlagen.*

jdm./etwas zuhören (hörte zu, hat zugehört) *Er hörte mir nicht zu. – Die Studenten haben dem Professor interessiert zugehört.*

Ergänzen Sie.

1. Ich höre d_____ Zug schon! 2. Hör m_____ bitte mal zu! 3. Wir hörten d_____ Hund bellen. 4. Die Touristen hörten d_____ Fremdenführer zu.

„hören" oder „zuhören"?

5. Kannst du mir denn nie ____________ ? 6. (Am Telefon:) Hallo, können Sie mich ____________ ? 7. Willst du die Platte ____________ ? 8. Viele Leute standen um den Tisch, denn sie wollten dem lustigen Verkäufer ____________ .

16

kämpfen gegen/für/mit/um – bekämpfen

kämpfen (kämpfte, hat gekämpft) gegen / für / um jdn./etwas; ... mit jdn./etwas *Das Volk kämpft gegen die Unterdrückung. – Es kämpft für Recht und Freiheit. – Die Gewerkschaft kämpft um höhere Löhne. – Der Kampf mit dem Drachen.*

jdn./etwas bekämpfen (bekämpfte, hat bekämpft) *Die Partei bekämpft den politischen Gegner. – Der Bauer bekämpft das Ungeziefer.* (= schädliche Insekten)

Entscheiden Sie: Fehlt eine Präposition? Wenn ja, welche?

1. Die Feuerwehr kämpfte drei Stunden ____________ die Flammen.
2. Die Gefangenen im alten Rom mussten manchmal ____________ wilden Tieren kämpfen.
3. Ich kämpfe ____________ eine gerechte Sache.
4. Der geschiedene Vater kämpfte ____________ das Sorgerecht für seinen Sohn. (= das Recht zu erziehen)
5. Die Arbeiter kämpfen ____________ bessere Lebensbedingungen.
6. Die Regierung bekämpft ____________ den Drogenmissbrauch. (*die Droge:* z. B. Opium, Heroin)
7. Tierschützer bekämpfen ____________ die Käfighaltung auf den Hühnerfarmen.

17

lesen – schreiben – (geschrieben) stehen

lesen (liest, las, hat gelesen) (+ A) *Ich habe die Zeitung gelesen. – Ich lese den Artikel in der Zeitung / die Bekanntmachung am schwarzen Brett / die Notiz auf dem Zettel.*

schreiben (schrieb, hat geschrieben) (+ D / A) *Er schreibt seinem Freund einen Brief. – Er schreibt einen Brief an seinen Freund / einen Artikel für die Zeitung / eine Parole an die Wand / eine Notiz auf den Zettel / seinen Namen in das Buch.*

(geschrieben) stehen (stand, hat gestanden) in/an/auf (+ D) *In der Zeitung hat ein interessanter Bericht gestanden. – Was steht denn auf dem Zettel? – An der Wand stehen Sprüche.*

Ergänzen Sie die Endung.

1. Wir schreiben d______ Satz an d______ Tafel, in d______ Heft, auf d______ Blatt Papier.
2. Der Satz steht an d______ Tafel, in d______ Heft, auf d______ Blatt Papier.
3. Steht die Nachricht in d______ Zeitung?
4. Ja, ich hab sie in d______ Zeitung gelesen.
5. Er schreibt sein______ Freundin ein______ Brief.

„gelesen", „geschrieben" oder „gestanden"?

6. Heute hat die Anzeige in der Zeitung ____________________ .
7. Er hatte vorgestern an die Zeitung ____________________ .
8. Wo hast du das ____________________ ? In der heutigen Zeitung?
9. Ich habe einen Bericht über meine Tour ____________________ .
10. Der Bericht hat jetzt in einer Illustrierten ____________________ .
11. Hast du den Bericht in der Illustrierten denn noch nicht ____________________ ?

18

rufen – zurufen

Achtung: Die Vorsilbe *zu* nicht mit der Präposition *zu* verwechseln! *Der Richter rief dem Angeklagten zu …* (Nicht: *… rief zu dem Angeklagten …*)

jdn. rufen, (rief, hat gerufen) oder **rufen nach jdm.** a) *Die Mutter ruft die Kinder (zum Essen). – Wie man in den Wald ruft, so schallt es heraus.* (Sprichwort) b) jdn. auffordern zu kommen: *Der Kranke ruft nach dem Arzt.* Aber: *Er ruft um Hilfe.*

jdm. etwas zurufen (rief zu, hat zugerufen) jdm. etwas aus einer bestimmten Entfernung mit lauter Stimme sagen: *Er rief mir zu, mich zu beeilen. – Der Polizist rief dem Autofahrer zu, …*

„gerufen“ oder „zugerufen“?

1. Das Kind hat nach der Mutter ______________ . 2. Er hat mir ______________ ______________ , dass er mit der Arbeit fertig sei. 3. Sie hatte euch doch eine Warnung ______________ ______________ . 4. Ich habe laut ______________ , aber niemand hat mich gehört. 5. Eine Glocke hat die Gäste zum Mittagessen ______________ . 6. Der Wanderer hat den Bauern einen Gruß ______________ .

19

sagen – fragen

jdm. etwas (A) sagen (sagte, hat gesagt) von (+ D) (vgl. § 1, Nr. 18) *Er sagte es ihm. – Er hat ihm die Telefonnummer gesagt. – Hast du ihm etwas von der Kündigung gesagt?*

jdn. fragen (fragte, hat gefragt) nach (+ D) *Er fragte ihn. – Er hat ihn nach seinem Namen gefragt.*

Ergänzen Sie.

1. Ich muss d________ etwas fragen.
2. Ich muss d________ etwas sagen.
3. Hast du es dein________ Vater gesagt?
4. Hast du ih________ gefragt?
5. Sag es mi________ leise ins Ohr!
6. Hast du ih________ nach sein________ Arbeit gefragt?
7. Ich habe ih________ nichts von dein________ Unfall gesagt.

„sagen“ oder „fragen“?

8. Ich hab es ihm ______________ .
9. Er hat mich nicht nach dem Preis ______________ .
10. Ich habe ihm nichts von der Rechnung ______________ .
11. Warum ______________ du ihn nicht danach? Er ______________ es dir bestimmt!

20

schenken – beschenken

jdn. beschenken (beschenkte, hat beschenkt) mit (+ D) *Sie beschenkte ihn mit einem wertvollen Buch.*

jdm. etwas (A) schenken *Er schenkte mir ein Bild.*

Ergänzen Sie.

1. Er beschenkte sein______ Freundin immer mit allem möglichen Schmuck.
2. Sie hat mi______ zu Weihnachten ein Kochbuch geschenkt.
3. Zu ihrem 40. Geburtstag wurde d______ Chefin von allen Seiten mit Blumen beschenkt.
4. Die Geschäftsleitung schenkte d______ Verkäufer zum Abschied einen Esskorb.

„beschenken" oder „schenken"?

5. Meine Freundin ____________________ mir zum Geburtstag ein sehr hübsches Bild. (Prät.)
6. Vater wurde zu seinem 60. Geburtstag reich ____________________ .
7. Die Kinder sind noch nie so ____________________ worden wie dieses Jahr zu Weihnachten.
8. ____________________ mir doch ein kleines bisschen Liebe, Liebe … (Schlageranfang, Imper.)

21

setzen – sitzen; stellen – stehen; legen – liegen

Häufige Fehler: a) Verwechslung der Verben *setzen, stellen, legen* mit ihren Entsprechungen *sitzen, stehen, liegen* (vgl. Teil 2, § 9b); b) Verwechslung der Stammformen.

Merke:
a) *(sich) stellen, (sich) setzen, (sich) legen* → Bewegungen auf ein Ziel hin → Frage *wohin?* → Präposition der Gruppe d + Akkusativ (→ Anhang, Tab. 1):
Wohin stellt er das Buch? – In den Bücherschrank.
Wohin setzt er das Kind? – Auf den Stuhl.
Wohin legt er sich? – Ins Bett.

b) *stehen, sitzen, liegen* → keine Bewegung mehr → Frage *wo?* → Präposition der Gruppe d + Dativ (→ Anhang, Tab. 1):
Wo steht das Buch? – Im Bücherschrank.
Wo sitzt das Kind? – Auf dem Stuhl.
Wo liegt er? – Im Bett.

Achtung: Die Verben unter a) sind schwache Verben:
(sich) stellen, stellte (sich), hat (sich) gestellt
(sich) setzen, setzte (sich), hat (sich) gesetzt
(sich) legen, legte (sich), hat (sich) gelegt
Sie haben entweder ein Reflexivpronomen oder ein Akkusativobjekt bei sich: *Er setzt sich auf den Stuhl. – Er stellt die Tassen in den Schrank.*
Die Verben unter b) sind starke Verben (→ Anhang, Tab. 4).

Besonderheit: Das Verb *hängen, hängte, hat gehängt* gehört zu den Verben unter a): *Er hat den Mantel an die Garderobe gehängt. (Wohin?)* Das Verb *hängen, hing, hat gehangen* gehört zu den Verben unter b): *Der Mantel hat an der Garderobe gehangen. (Wo?)*

Zum Sprachgebrauch:

a) Im Deutschen sagt man: Der Vogel *sitzt* auf dem Ast. (nicht: *steht!*) – Eine Fliege *sitzt* auf der Butter. – Die Brille *sitzt* auf der Nase. – Der Hut *sitzt* auf dem Kopf.

b) Man sagt zwar: Messer und Gabel *liegen* auf dem Tisch. Aber: Teller und Tassen *stehen* auf dem Tisch. (nicht: *liegen!*)

c) Man setzt sich *auf den Stuhl,* aber *in den Sessel.* (Man sitzt *auf dem Stuhl,* aber *im Sessel.*) – Man legt sich *auf die Couch,* aber *ins Bett.* (Man liegt *auf der Couch,* aber *im Bett.*) (Vgl. § 1, Nr. 3 und 4)

„gestellt" oder „gestanden"? Ergänzen Sie auch die fehlenden Endungen.

1. Hast du schon die Teller auf d_____ Tisch ____________________ ?
2. Haben die Bücher nicht in mein_____ Bücherschrank ____________________ ?
3. Das Geschirr (= Teller, Tassen usw.) hat immer in dies_____ Küchenschrank ____________________ .
4. Hast du den Topf mit der Milch auf d_____ Herd ____________________ ? *(der Herd)*
5. Ich habe die Kisten in d_____ Keller ____________________ .
6. Die Leute haben drei Stunden in d_____ Kälte ____________________ .

„gesetzt" oder „gesessen"? Ergänzen Sie auch die fehlenden Endungen.

7. Er hat sich auf ein_____ Stuhl ____________________ .
8. Die Kleine hat die Puppe in d_____ Kinderwagen ____________________ .
9. Der Tourist hat sich in ein_____ Taxi ____________________ .
10. Hast du schon mal in ein_____ Flugzeug ____________________ ?
11. In dies_____ Sessel hat sie ____________________ , als plötzlich der Einbrecher kam.
12. Sie hat im Alter oft vor d_____ Fernseher ____________________ .

„gelegt" oder „gelegen"? – Ergänzen Sie auch die fehlenden Endungen.

13. Ich habe das Geld in d_____ Schreibtisch ____________________ .
14. Das Geld hat gestern noch hier in dies_____ Schublade ____________________ .
15. Ich habe dir das Buch auf d_____ Nachttisch ____________________ .
16. Als ich kam, hat sie schon (im/ins) _____ Bett ____________________ .
17. Sie hatte sich schon früh (im/ins) _____ Bett ____________________ .
18. Hast du die Kinder schon (im/ins) _____ Bett ____________________ ?

„setzen", „stellen" oder „legen"?

19. die Teller in den Schrank ____________________
20. das Besteck (= Messer, Gabel, Löffel) in die Schublade ____________________
21. die Gläser auf den Tisch ____________________
22. die Schüssel aufs Regal ____________________

23. ein Buch auf den Tisch ____________________

24. die Bücher in den Bücherschrank ____________________

25. die Hände auf den Rücken ____________________

26. das Kind auf den Stuhl ____________________

27. und den Stuhl an den Tisch ____________________

28. den Topf auf den Herd ____________________

29. sich aufs Pferd ____________________

30. die Hand zum Gruß an die Mütze ____________________

„sitzen“, „stehen“ oder „liegen“? Ergänzen Sie die passende Präsensform.

31. Die Vögel ________________ auf dem Baum.

32. (Im Bus:) Du ________________ auf meinem Fuß!

33. Die Teller ________________ schon auf dem Tisch.

34. Besen und Staubsauger ________________ in der Ecke.

35. Auf deinem Arm ________________ eine Stechmücke!

36. Wo ist meine Brille? – Die ________________ auf deiner Nase!

37. Lass das Geschirr nur ________________ !

38. Unsere neuen Adressen ________________ noch nicht im Telefonbuch.

39. Die Orte Offenbach, Hanau und Friedberg ________________ in der Nähe von Frankfurt.

40. Die Telefonkabel ________________ unter der Erde.

22

siegen über – besiegen

siegen (siegte, hat gesiegt) über (+ A) *In der Schlacht von Trafalgar siegten die Engländer über die Spanier. – Nach langem Streit siegte die Vernunft und sie einigten sich.*

jdn./etwas besiegen (besiegte, hat besiegt) *Bei Trafalgar besiegten die Engländer die spanische Armada. – Heinz besiegte Peter im 1000-Meter-Lauf. – Er besiegte seine Angst vor der Prüfung.*

„siegen“ oder „besiegen“?

1. Gestern habe ich ihn im Tischtennis ________________ .

2. Werder Bremen hat über Borussia Dortmund 1:0 (eins zu null) ________________ .

3. Napoleon hat fast alle seine Feinde ________________ .

4. Bei Philippi haben Marcus Antonius und Octavian über die Mörder Cäsars ____________ ________________ .

5. Die Expedition hat alle Schwierigkeiten ______________ und ist mit wichtigen Ergebnissen zurückgekommen.
6. Die Mieter haben in der Auseinandersetzung mit dem Vermieter ______________ .

23

sprechen – besprechen

jdn. sprechen (spricht, sprach, hat gesprochen); mit jdm. über jdn./etwas sprechen; von jdm./etwas sprechen *Morgen spreche ich Professor Möller. / ... mit Professor Möller über mein Referat. – Er sprach von den wirtschaftlichen Schwierigkeiten.*

etwas (A) mit jdm. besprechen (bespricht, besprach, hat besprochen); sich mit jdm. über jdn./etwas besprechen *Professor Möller will meine Arbeit mit mir besprechen. – Wir müssen uns noch über unser gemeinsames Vorgehen besprechen.*

Verwenden Sie das jeweils andere Verb.

1. Wir haben unsere Reise noch nicht in allen Einzelheiten besprochen. ______________
2. Morgen werde ich mit dem Hausherrn über die Mietbedingungen sprechen. ______________
3. Sie sprachen über die letzten Ereignisse in der Stadt. ______________
4. Wir müssen noch darüber sprechen, was wir in den Ferien machen wollen. ______________
5. Das besprechen wir lieber morgen! ______________
6. Hast du mit ihm schon über die Schuldenregelung gesprochen? ______________

24

überweisen – überweisen an/auf/durch

jdm. etwas überweisen (überwies, hat überwiesen) Geld durch Bank oder Post weiterleiten: *Ich habe dir gestern 500 DM überwiesen.*

jdn./etwas überweisen an (+ A) weiterleiten an eine Person/eine Firma: *Der Arzt hat den Patienten an den Facharzt überwiesen. – Ich habe das Geld an das Versandhaus überwiesen.*

etwas überweisen auf (+ A) Geld auf ein Konto einzahlen: *Überweisen Sie bitte DM 20,– auf mein Konto!*

etwas überweisen durch (+ A) Geld durch die Bank oder durch die Post senden: *Das Geld wurde Ihnen gestern durch die Post überwiesen.*

Welche Präposition ist richtig?

1. Mein Betrieb überweist mein Gehalt ____________ mein Konto bei der Bank.
2. Gestern habe ich Geld ____________ meine Eltern überwiesen.
3. Die Firma hat mir den Betrag ____________ die Post überwiesen.
4. Der Hausarzt hat meinen Freund ____________ einen Facharzt überwiesen.
5. ____________ welches Konto soll ich Ihnen das Geld überweisen?
6. Am besten überweisen Sie die Miete ____________ die Bank.

25

wohnen in/auf – etwas bewohnen

wohnen (wohnte, hat gewohnt) in (+ D) / auf (+ D) *Ich wohne in Köln / in der Stiftstraße / im obersten Stock / auf dem Land / im Ausland.*

etwas (A) bewohnen (bewohnte, hat bewohnt) z. B. ein Haus / eine Etage / ein Land / ein Gebiet bewohnen: *Die Insel wird seit fünfzig Jahren nicht mehr bewohnt.*

Nehmen Sie das jeweils andere Verb und formen Sie entsprechend um.

1. Die Lappen bewohnen ein Gebiet, das teils zu Norwegen, teils zu Schweden und Finnland gehört.
2. In diesem Stadtteil wohnen hauptsächlich Ausländer.
3. In Rom wohnten in den frühen Jahren der Christenheit viele Gläubige in unterirdischen Räumen.
4. Diese Höhle wird von einer Fuchsfamilie bewohnt.

„wohnen“ oder „bewohnen“? Setzen Sie das passende Verb in der richtigen Form ein.

5. Die ersten Menschen ____________ in Höhlen. (Prät.)
6. Dieses Haus wird von drei Familien ____________ .

7. Zahlreiche Mittelmeerinseln waren früher von Seeräubern ______________ .
8. In diesem Schloss ______________ früher die königliche Familie (Prät.); heute wird es vom Staatspräsidenten ______________ .

26

zuschauen – beobachten

jdm. zuschauen (schaute zu, hat zugeschaut) (bei + D) bei etwas aufmerksam zusehen: *Die Kinder schauten dem Fischer bei der Arbeit zu.*

jdn. beobachten (beobachtet, beobachtete, hat beobachtet) (bei + D) über eine Zeit mit den Augen genau verfolgen; überwachen: *Der Biologe beobachtete den Wolf bei der Nahrungssuche. – Der Drogenhandel im Park wird von der Kriminalpolizei seit Tagen beobachtet.*

Merke: *beobachten* ist intensiver als *zuschauen.* Meist handelt es sich um eine Aufgabe, jdn. oder etwas nicht aus den Augen zu lassen.

Setzen Sie das Objekt in den richtigen Kasus.

1. Die Medizinstudenten schauen (der Chirurg, des Chirurgen) ______________ ______________ bei der Operation zu.
2. Die Krankenschwester beobachtet (der Patient, des Patienten) ______________ ______________ während der Operation ganz genau.
3. Ich habe (der Mann) ______________ genau beobachtet, wie er ins Auto einstieg.
4. Er lag im Gras und schaute (das Spiel) ______________ der Wolken zu.

Setzen Sie das passende Verb in der richtigen Form ein.

5. Ich ging um 12 Uhr zum Zoo; ich wollte der Fütterung der Tiere ______________ .
6. Der Schüler holte das Fernglas; er wollte die Vögel auf dem Baum ______________ .
7. Der Zeichner hat die Menschen ganz genau ______________ .
8. Um 16 Uhr wird das Denkmal enthüllt (= das Tuch über dem Denkmal wird abgenommen); möchtest du ______________ ?

27

zweifeln an – bezweifeln

zweifeln (ich zweifle (!), er zweifelt, zweifelte, hat gezweifelt) an (+ D) etwas in Frage stellen: *Ich zweifle an der Echtheit dieses Ringes. – Ich zweifle daran, dass er das selbst geschrieben hat.*

bezweifeln (+ A) (ich bezweifle, er bezweifelt, bezweifelte, hat bezweifelt) *Ich bezweifle die Echtheit des Ringes.*

Besonderheit: Nach *bezweifeln* kann ein Gliedsatz mit *dass,* niemals mit *ob* angeschlossen werden: *Ich bezweifle, dass er das selbst geschrieben hat.*

Verwenden Sie das jeweils andere Verb.

1. Die Eltern zweifelten, ob er das Examen bestehen würde. ____________________

____

2. Herr Roth bezweifelt den Wert dieser Medizin. ____________________

____

3. Der Direktor bezweifelt die Richtigkeit der Angaben des Bewerbers. ____________

____

____

4. Ich zweifle daran, dass das neue Warenhaus hier Erfolg hat. ____________________

____

5. Ich zweifle an einem günstigen Ausgang der Wahl für unsere Partei. ____________

____

____

6. Ich bezweifle, dass Atomkraftwerke auf die Dauer die richtige Lösung des Energieproblems sind. ____________________

____

____

Test 5

zu Nr. 1: *Ergänzen Sie die Endungen.* a) Wir haben die Gäste in ein_____ Hotel untergebracht. b) Unsere Fahrräder haben wir in d_____ Garage untergebracht. c) Hast du dein_____ Rucksack gepackt?

zu Nr. 1: *„abpacken", „packen" oder „unterbringen"?* a) Wir sollen die Briefmarken zu 20 Stück in Tüten _______________ . b) Kannst du das ganze Gepäck im Auto _______________ ? c) Ich muss heute abend unbedingt die Koffer _______________ !

zu Nr. 2: *„achten" oder „beachten"?* a) _______________ Sie bitte auf die Stufen! b) Sie müssen unbedingt auf Ihre Diät _______________ ! c) _______________ Sie bitte genau die Gebrauchsanweisung! d) Wenn ich ihm begegne, werde ich ihn nicht _______________ !

zu Nr. 3: *„antworten", „beantworten" oder „erzählen"?* a) Deine Mutter wollte mir noch von deiner Arbeit _______________ . b) Können Sie mir meine Frage nicht _______________ ? c) Er wollte mir auf meine Frage nicht _______________ .

zu Nr. 4: *„gearbeitet" oder „bearbeitet"?* a) Das Theaterstück wurde vom Autor neu _______________ . b) Am Sonntag wird nicht _______________ . c) Er hat lange an der Übersetzung des Romans _______________ . d) Der Steinmetz ist ein Handwerker, der Steine _______________ .

zu Nr. 5: *Welcher Kasus?* a) Der Hausherr drohte d_____ Mieter mit der Kündigung. b) Der Einbrecher bedrohte d_____ Rentnerpaar mit der Pistole.

zu Nr. 6: *„begegnet" oder „getroffen"?* a) Ich habe meinen Freund auf dem Markt _______________ . b) Ruth ist auf der Straße ihrem Bruder _______________ . c) Ich habe mich jeden Freitagabend mit zwei Freunden zum Musizieren _______________ .

zu Nr. 7: *Ergänzen Sie.* a) Eine Schlange hat ih_____ ins Bein gebissen. b) Schlag d_____ Jungen bitte nicht! c) Er hat mi_____ ins Gesicht geschlagen. d) Er stach sein_____ Kameraden das Messer in die Brust. e) Eine Wespe hatte ih_____ in den Hals gestochen. f) Er hat d_____ Wurst in vier Teile geschnitten. g) Der eisige Wind schnitt mi_____ ins Gesicht. h) Der Spieler hat de_____ Torwart nicht mit Absicht getreten.

zu Nr. 7: *„hat" oder „ist"?* a) ________ er dir auf den Fuß getreten? b) Der alte Mann ________ vor das Haus getreten. c) Ohne anzuklopfen, ________ er ins Zimmer getreten.

zu Nr. 8: *„beraten" oder „raten"?* a) Am besten läßt du dich von einem Fachmann ________ ________ . b) Ich möchte dir ________________ , in unserer Nähe eine Wohnung zu suchen.

zu Nr. 9: *„danken" oder „bedanken"?* a) Wir müssen uns unbedingt für die Glückwünsche ________________ . b) Ich möchte mich für die schönen Blumen herzlich ________ ________ ! c) Du musst ihm noch unbedingt für seine Hilfe ________________ ! d) Willst du dich nicht bei ihm ________________ ?

zu Nr. 10: *Ergänzen Sie die richtige Lösung aus der Klammer.* a) Die Kinder sind ________ ________ Garten herumgelaufen. (im/in den) b) Viele Leute gingen ________________ Park. (im/in den) c) Er lief ____________ Zimmer auf und ab und überlegte. (im/in das) d) Sie lief ____________ Bad und holte ihr Parfüm. (im/ins) e) Sie ist heute auf d______ Markt gegangen. f) Warum läufst du auf d______ Straße? Lauf doch auf d______ Bürgersteig! (die/der; den/dem)

zu Nr. 11: *„fahren", „befahren" oder „herumfahren"?* a) Dieser Weg darf nicht von Motorrädern ________________ werden. b) Die Jungen sollen mit ihren Mopeds nicht auf dem Sportplatz ________________ ! c) Kinder dürfen mit dem Fahrrad auf dem Bürgersteig ________________ .

zu Nr. 12: *Ergänzen Sie die Endungen.* a) Wäre er mein______ Rat gefolgt, wäre der Unfall nicht passiert. b) Die Kraftfahrer müssen d______ Anweisungen der Polizei befolgen. c) Der Hund folgte d______ Jäger auf dem Fuß (= war dicht hinter ihm).

Test 6

zu Nr. 13: *„geforscht" oder „erforscht"?* a) Mein Onkel hat nach den Vorfahren unseres Großvaters ______________________ . b) Eine Gruppe von Geologen hat die gerade entdeckte Höhle genauer ______________________ .

zu Nr. 14: *Ergänzen Sie die Endungen, wo es notwendig ist.* a) Herr Hinterhuber ist d______ Vater von Frau Klein. b) Frau Klein hat ein______ Sohn und ein______ Tochter. c) Der Sohn ist ein______ groß______ Bastler. d) Frau Klein sagt: „Der wird einmal ein______ gut______ Ingenieur!"

zu Nr. 15: *„hören" oder „zuhören"?* a) Er schloss das Fenster, denn er wollte d______ Lärm nicht mehr __________________ . b) Stell das Radio bitte leiser, sonst kann ich d______ Telefon nicht __________________ . c) Die Kinder wollten ihr______ Onkel bei seinen Geschichten immer wieder __________________ .

zu Nr. 16: *„kämpfen" oder „bekämpfen"?* a) Verbrechen müssen wir ______________________ . b) Die Forscher Roux und Grasse wollten die Malaria ______________________ . c) Jahrelang ______________________ das Volk gegen die Unterdrückung. (Prät.)

zu Nr. 17: *„an" oder „in" („im")? Ergänzen Sie.* a) Ich habe ein______ Brief _______ die Zeitung geschrieben. b) Heute steht mein Schreiben _______ d______ Zeitung; es steht auf der dritten Seite _______ „Freien Wort". c) Hast du d______ Abschnitt _______ der Zeitung schon gelesen?

zu Nr. 18: *„gerufen" oder „zugerufen"? Ergänzen Sie.* a) Habt ihr m______ ______________________ ? b) Meine Frau hat d______ Kinder ______________________ ; sie sollten zum Essen kommen. c) Er hat mi______ das Ergebnis des Fußballspiels ______________________ .

zu Nr. 19: *Ergänzen Sie!* a) Ich habe mein______ Schwester gesagt, dass ich jetzt keine Zeit habe. b) Sie hat mi______ gefragt, wann ich denn Zeit hätte. c) Ich frage mi______ manchmal, wie lange er noch in diesem alten Haus wohnen will.

zu Nr. 20: *„geschenkt" oder „beschenkt"?* a) Nach jeder Aufführung wird die Schauspielerin mit Blumen ______________________ . b) Sie hat mir ein sehr interessantes Buch ______________________ . c) Zu seinem vierzigjährigen Dienstjubiläum wurde der Angestellte reich ______________________ .

zu Nr. 21: *„gesetzt" oder „gesessen"? Ergänzen Sie auch die Endungen.* a) Sie hat den Topf aufs Feuer ______ . b) Er hat zwei Monate i______ Gefängnis ______ . c) Man hat den Verletzten in de______ Rollstuhl ______ .

zu Nr. 21: *„gelegt" oder „gelegen"? Ergänzen Sie auch die Endungen.* a) Ich habe den ganzen Tag i______ Bett ______ . b) Die Schlüssel haben immer in dies______ Schublade ______ . c) Ich habe dir das Buch auf de______ Tisch ______ .

zu Nr. 21: *„gestellt" oder „gestanden"? Ergänzen Sie auch die Endungen.* a) Ich habe zwei Stunden vor d______ Theaterkasse ______ und gewartet. b) Sie hat die Flasche wieder in d______ Schrank ______ . c) Den alten Schrank haben wir in d______ Keller ______ .

zu Nr. 22: *„gesiegt" oder „besiegt"?* a) Prinz Eugen hat 1717 bei Belgrad im Kampf gegen die Türken ______ . b) Der FC Bayern hat den FC Mönchengladbach 3 : 0 ______ . (FC = Fußballclub; 3 : 0 gesprochen: drei zu null)

zu Nr. 23: *„gesprochen" oder „besprochen"?* a) Ich habe gestern meine Cousine Vera am Telefon ______ . b) Wir haben auch über dich ______ . c) Das Wohnungsproblem haben wir nicht ______ .

zu Nr. 24: *„an", „auf" oder „durch"?* a) Ich habe ihm das Geld ______ die Post überwiesen. b) Sein Hausarzt will ihn ______ einen Facharzt für Lungenheilkunde überweisen. c) Er hat mir endlich die 200,– DM ______ mein Konto überwiesen.

zu Nr. 25: *Ergänzen Sie Präpositionen und Endungen.* a) Mein Onkel wohnt ______ Kanada. b) Unsere Nachbarn wohnen ______ Sommer ______ d______ Insel Sylt. c) Sie bewohnen ein______ klein______ Einfamilienhaus.

zu Nr. 26: *Ergänzen Sie.* a) Wir haben d______ Künstler bei seiner Arbeit zugeschaut. b) Wir haben de______ Bettler beobachtet; er ist gar nicht blind! c) Heinz hat sein______ Vater zugeschaut, als dieser das Auto repariert hat.

zu Nr. 27: *Ergänzen Sie die Präpositionen und Endungen.* a) Die Erben zweifelten ______ d______ Echtheit des Testamentes. b) Sie zweifelten ______ sein______ Verstand. c) Der Lehrer zweifelte dar______ , dass der Schüler mit der Arbeit rechtzeitig fertig würde. d) Der Kunde bezweifelt d______ Wert der Ware.

§ 5 Typische Fehler in der Syntax

1 Stellung des Verbs im Hauptsatz (ohne Modalverben)

Endlich, nach langer Zeit kam der erwartete Brief.

Achtung: *Nun schwammen beide* im Wasser. (Nicht: *Nun beide schwammen* ...)

Merke: Im Aussagesatz steht das konjugierte Verb an der zweiten Stelle; d. h., es steht hinter dem an erster Stelle stehenden Satzteil. Es ist dabei egal, was an der ersten Stelle steht, das Subjekt, ein Objekt oder ein anderes Satzglied: *Die Zuschauer verfolgten mit großem Interesse die Vorstellung des Clowns. – Mit großem Interesse verfolgten die Zuschauer die Vorstellung des Clowns. – Die Vorstellung des Clowns verfolgten die Zuschauer mit großem Interesse.*
Bei den trennbaren Verben kommt die Vorsilbe ans Ende des Satzes: Mit großem Interesse *schauten* die Besucher der Vorstellung *zu.*
Im Perfekt und Plusquamperfekt steht das konjugierte Hilfsverb an der zweiten Stelle, das Verb im Partizip Perfekt am Ende des Satzes: *Die Zuschauer haben (hatten) die Vorstellung mit großem Interesse verfolgt.* Diese Klammerstellung (zweite Stelle + Satzende) ist typisch für den Aussagesatz im Deutschen. Sie gilt auch für das Futur und fürs Passiv: *Die neue Nummer des Clowns wird den Zuschauern bestimmt gefallen. – Heute abend wird der Zirkus schon in einer anderen Stadt aufgebaut.*

Setzen Sie das in Klammern stehende Verb an der richtigen Stelle in den Satz ein.

1. Ein ungeheuer reicher Mann im Deutschen manchmal Krösus. (wird genannt) ____________

   ____

   ____

2. Krösus, eigentlich Kroisos, von 550 bis 546 vor Christus in Lydien. (herrschte) ____________

   ____

   ____

3. Lydien ein Reich in Kleinasien, der heutigen Türkei. (war) ____________

   ____

4. Das Gold aus einem Fluss in seinem Land ihn so reich. (hatte gemacht) ____________

   ____

   ____

5. Nicht nur der weltliche, sondern auch der religiöse Herrscher seines Landes in früherer Zeit der chinesische Kaiser. (war) ____________

   ____

   ____

6. Sohn des Himmels er deshalb. (wurde genannt) ____________

7. Früher man die bei uns so beliebten Schützenfeste auf der Vogelwiese. (hielt ab) ________

8. Ganz oben auf einer Stange ein Vogel aus Holz. (wurde befestigt) ________

9. Die Leute den Vogel abzuschießen. (versuchten) ________

10. „Er (bzw. sie) hat den Vogel abgeschossen" heute daher: Er (sie) die beste Leistung. (heißt / hat erbracht) ________

11. Ich, Alexander Fuchs, am 17. März 1954 in Bonn. (bin geboren) ________

12. Meine Schulausbildung ich 1984 mit dem Abitur. (schloss ab) ________

2 Stellung des Verbs im Hauptsatz (mit Modalverben)

Er hat in den Sommerferien nach Berlin fahren wollen.

Achtung: *... fahren wollen* (Nicht: *... fahren gewollt.*)

Merke:

a) Die in § 5 Nr. 1 angeführte Regel gilt auch, wenn neben dem Vollverb (z. B. *kommen*) noch ein Modalverb (z. B. *können*) vorkommt. Wieder steht das konjugierte Verb – in diesem Fall das Modalverb – an der zweiten Stelle, das Vollverb steht im Infinitiv am Ende des Satzes: *Heinz konnte gestern nicht zu uns kommen.*

b) Im Perfekt, Plusquamperfekt oder Futur steht das konjugierte Hilfsverb an der zweiten Stelle, Vollverb und Modalverb stehen im Infinitiv am Satzende: *Heinz hat (hatte) gestern nicht zu uns kommen können. – Heinz wird morgen nicht zu uns kommen können.*

Setzen Sie das angegebene Modalverb in der richtigen Form und im gleichen Tempus ein.

1. Wegen seiner Verletzung arbeitet er seit zwei Wochen schon nicht mehr. (können) ________

2. Er hat den Wagen noch in die Garage gefahren. (müssen) ____________________

____

3. Hans fährt heute nach Wien. (sollen) ____________________

____

4. Helga verbrachte ihren Urlaub in der Schweiz. (wollen) ____________________

____

5. Mehr als eine Zeitung am Tag lese ich nicht. (mögen) ____________________

____

6. Maria hat wegen ihrer Erkrankung ihre Examensarbeit etwas später abgegeben. (dürfen)

____

____

3 Die Konjunktion „und"

Merke: *und* verbindet a) zwei Hauptsätze *(Herr Kunz flog nach Peru und seine Frau führte das Geschäft weiter.)* oder b) gleichwertige Satzteile *(Herr Kunz flog nach Peru und besuchte seine Verwandten.)*.

Ist das Subjekt des zweiten Satzes das gleiche wie im ersten Satz, so lässt man es besser weg: *Frau Kranzler traf ihren Hauswirt und erzählte ihm von ihrer Reise.* (Nicht: ... *und sie erzählte ihm von ihrer Reise.*)

Kommaregel: siehe Teil 2, § 10, 7

Verbinden Sie die Sätze wenn möglich nach Beispiel b, sonst nach Beispiel a.

1. Die Rennfahrer erhielten das Startzeichen. Müller setzte sich sofort an die Spitze. ____________________

____

2. Plötzlich flog ein Rennwagen aus der Kurve. Er überschlug sich dreimal. ____________________

____

3. Löschfahrzeuge rasten herbei. Feuerwehrleute versuchten, den Fahrer zu retten. ____________________

____

4. Einige Zuschauer waren schwer verletzt worden. Sie schrien um Hilfe. ____________________

____

5. Viele Zuschauer verließen das Rennen vorzeitig. Sie fuhren nach Hause. ______________

____

____

6. Ärzte und Krankenpfleger kümmerten sich um die Verletzten. Die Polizei sperrte die Unfallstelle ab. ______________

____

____

4 Die Satzstellung, wenn das Akkusativobjekt ein Pronomen ist

Der Briefträger bringt den Leuten die Briefe. – Er bringt sie ihnen.

Achtung: Er bringt *sie ihnen.* (Nicht: … *ihnen sie.*)

Merke: In der Regel steht das Akkusativobjekt hinter dem Dativobjekt:
Daniel bringt *dem Vater die Zeitung.*
Daniel bringt *ihm die Zeitung.*

Wenn aber das Akkusativobjekt ein Personalpronomen ist, steht es vor dem Dativobjekt:
Daniel bringt *sie dem Vater.*
Daniel bringt *sie ihm.*

Antworten Sie wie im Beispiel.

Beantworte *mir* bitte *meine Frage!*
Tut mir Leid, ich kann *sie dir* nicht beantworten.

1. Leih mir bitte deinen Füller! ______________

____

2. Erzähl mir bitte die Geschichte! ______________

____

3. Gib mir das Geld bitte zurück! ______________

____

4. Schenkst du mir dieses Bild von dir? ______________

____

5. Zeig mir bitte deine Briefmarkensammlung! ______________

____

6. Schick mir bitte meine Briefe zurück! ______________

____

Antworten Sie wie im Beispiel.

Hat der Arzt *deiner Schwester das Rauchen* verboten?
Ja, er hat *es ihr* verboten.

7. Hat die Frau ihrem Mann die Flasche weggenommen? ____________________

____

8. Hat der Dieb der Nachbarin den Schmuck gestohlen? ____________________

____

9. Haben die Eltern dem Sohn den Wagen geschenkt? ____________________

____

10. Hat die Firma deinem Bruder den Computer geliefert? ____________________

____

11. Hat der Vater dem Jungen die Reise bezahlt? ____________________

____

12. Haben deine Geschwister dir das Porzellan geschenkt? ____________________

____

5 „als" oder „wie" bei Vergleichen

Er ist größer als ich. – Er ist genauso groß wie ich.

Merke:
als vergleicht zwei ungleiche Sachen oder Personen: *Er war schneller als ich. – Das Taxi ist teurer als der Bus.*
wie vergleicht zwei gleiche Sachen oder Personen: *Er spricht so wenig Französisch wie ich. – Sie ist so alt wie er.*

Besonderheiten: Nach *anders, niemand* („Niemand kann es wissen als er allein."), *keiner, nichts, umgekehrt* („Es ist umgekehrt, als du denkst."), *entgegengesetzt* steht *als. als* oder *wie* sind möglich nach *doppelt so …* („als" ist selten), *sowohl …, sobald …, so wenig …*
Bei der Negation mit *so …* steht *wie: Er ist nicht so groß wie ich. – Mit diesem Radio bekomme ich nicht so viele Sender rein wie du mit deinem.*

Anmerkung: *als wie* zusammen ist immer falsch.

Zur Rechtschreibung: Zusammen schreibt man die Konjunktion *soviel: Soviel ich weiß, ist sie krank.*
Getrennt schreibt man das vergleichende Adverb *so viel: Sie wiegt halb so viel wie ich.*

„als" oder „wie"?

1. Unser Haus ist höher ________ das unseres Nachbarn.
2. Es regnet heute noch mehr ________ gestern.

3. Er hat ebenso wenig Geld ________ ich.
4. Sie spricht Englisch so gut ________ Französisch.
5. Schwarzbrot esse ich lieber ________ Weißbrot.
6. Er redete nichts ________ Unsinn.
7. Die Stadt ist ganz anders, ________ ich sie mir vorgestellt hatte.
8. Keiner hat so laut geredet ________ du!

6 Pronominaladverb (z. B. „damit“) oder Präposition + Personalpronomen (z. B. „mit ihm“)?

... Holz; damit machten sie Feuer. – Womit machten sie Feuer? ... Peter; mit ihm spiele ich Tennis. – Mit wem spielst du Tennis?

Achtung: Sie hat mit einer Puppe gespielt. *Womit?* (Nicht: *Mit was?*)

Merke:
Bezug auf eine Sache → *damit, dafür, darauf, darunter* usw.
und die Frage nach einer Sache → *womit?, wofür?, worauf?, worunter?* usw.
Bezug auf eine Person → *mit ihm (ihr, ihnen* usw.), *für ihn (sie, Sie* usw.), *auf ihn (ihm, ihnen* usw.)
und die Frage nach einer Person → *mit wem?, für wen?, auf wen? / wem?* usw.

Ergänzen Sie.

1. Die Kinder sammeln leere Flaschen; ________________ bekommen sie beim Getränkemarkt Geld. (für die Flaschen) – ________________ bekommen sie Geld?
2. Herr Maul sitzt in Zimmer 13; ________________ bekommen Sie nähere Auskunft. (bei Herrn Maul) – ________________ bekomme ich die Auskunft?
3. Klaus wollte den Spirituskocher auffüllen; ________________ gab es eine Explosion. (bei dieser Gelegenheit) – ________________ gab es eine Explosion?
4. In der Küche steht Kuchen; ________________ kannst du dir nehmen, soviel du willst. (von dem Kuchen) – ________________ kann ich mir nehmen?
5. Frau Heinze ist eine tüchtige Sekretärin; ________________ kannst du dich verlassen! (auf Frau Heinze) – ________________ kann ich mich verlassen?
6. Du hast die Lösung gefunden! ________________ wäre ich nicht gekommen. (auf die Lösung) – ________________ wärst du nicht gekommen?
7. Hier ist unser Fachmann, Herr Erb; ________________ können Sie Ihr Problem besprechen. (mit Herrn Erb) – ________________ kann ich das Problem besprechen?

7 Konjunktionen in Stellung 0 bzw. I

..., aber Inge antwortete nicht. – ..., deshalb antwortete Inge nicht.

Achtung: ... und *der Arzt untersuchte ihn.* (Nicht: ... und *untersuchte derArzt ihn.*)

Eine sehr wichtige Regel:

und, aber, oder, denn, sondern stehen in der Position 0:

	0	I	II	
Sie fragten Inge,	aber	sie	antwortete	nicht. (Vgl. § 5 Nr. 1)

daher, darum, deshalb, deswegen, folglich und viele andere Hauptsatzkonjunktionen stehen in Position I:

	I	II	
Inge hatte sich geärgert,	deshalb	antwortete	sie nicht.

Das konjugierte Verb steht immer in Position II.

Besonderheit: Die Konjunktion *doch* kann in Position 0 oder I stehen: ..., *doch sie antwortete nicht. – ..., doch antwortete sie nicht.*

Kommaregel: siehe Teil 2, § 10, 7.

Verbinden Sie die beiden Sätze mit den angegebenen Konjunktionen.

1. Ich habe mindestens zehnmal bei euch angerufen. Es hat sich niemand gemeldet. a) aber b) jedoch ______

______

______

______

2. Seine Frau hielt die Leiter. Er stieg hinauf. (und) ______

______

______

3. Er las sehr viel über Gartenbau. Das Thema interessierte ihn als Hobbygärtner sehr. (denn)

______

______

4. Er ist Hobbygärtner. Er liest sehr viel über Gartenbau. a) darum b) deswegen ______

______

______

______

5. Das Haus brannte nicht durch Blitzschlag. Ein Brandstifter hatte es angesteckt. a) sondern b) vielmehr ______________________

6. Begrüßt du die Gäste? Wer erledigt das? (oder) ______________________

7. Der Kunde wurde mehrfach aufgefordert zu zahlen. Er lässt nichts von sich hören. a) doch b) aber ______________________

8. An der Grenze wurde ich angehalten. Zollbeamte durchsuchten meinen Wagen. (und)

____

9. Die meisten Vergifteten konnten bald wieder nach Hause gehen. Einige mussten drei Monate und länger im Krankenhaus bleiben. a) jedoch b) aber ______________________

10. Ein Passagier war ins Wasser gefallen. Der Vorfall wurde beobachtet und der Mann gerettet. a) doch b) aber ______________________

8 Stellung des Verbs im Hauptsatz bei vorangestelltem Nebensatz

Obwohl er ihn gesehen hatte, grüßte er ihn nicht.

Achtung: Wenn du krank bist, *musst du* zum Arzt gehen. (Nicht: ..., *du musst* ...)

Merke: Die Regel „Im Hauptsatz steht das konjugierte Verb an der zweiten Stelle“ gilt auch hier; als erste Stelle ist der vorangestellte Nebensatz aufzufassen:

I	II	
Wenn du krank bist,	musst	du zum Arzt gehen.

Ergänzen Sie den Hauptsatz.

Obwohl er ihn gesehen hatte, ... (*Er grüßte* ihn nicht.)
Obwohl er ihn gesehen hatte, *grüßte er* ihn nicht.

1. Als die Feuerwehr eintraf, ... (Das Haus war schon fast abgebrannt.) ____________________

2. Obwohl sofort mit den Löscharbeiten begonnen wurde, ... (Es konnte nicht viel gerettet werden.) (*es* fällt weg) ____________________

3. Als wir die Nachricht von dem Brand erhielten, ... (Wir waren alle ganz erschrocken.) ____________________

4. Da mein Onkel gut versichert ist, ... (Er kann bald mit dem Neubau beginnen.) ____________________

5. Bis das Haus fertig ist, ... (Er wohnt mit seiner Familie bei uns.) ____________________

6. Bevor er in seine neue Wohnung einzieht, ... (Er muss für alle Zimmer neue Möbel kaufen.) ____________________

9 Hauptsatzkonjunktion „denn" – Nebensatzkonjunktion „weil"

..., denn sie hatten gewonnen. – ..., weil sie gewonnen hatten.

Achtung: ..., *weil sie* das Spiel *gewonnen hatten.* (Nicht: ..., *weil sie hatten* das Spiel *gewonnen.*)

Merke: *weil* und *denn* geben den Grund an; *weil* verlangt die Nebensatzkonstruktion (Verb am Ende), *denn* verlangt die Hauptsatzkonstruktion (Verb an zweiter Stelle; *denn* steht auf Position Null) (vgl. § 5, Nr. 7):

Die Schüler freuten sich, *weil* sie das Spiel gewonnen *hatten.*
, *denn* sie *hatten* das Spiel gewonnen.

Schließen Sie den zweiten Satz einmal mit „weil", einmal mit „denn" an.

1. Fritz kam noch einmal zurück. Er hatte sein Portmonee vergessen. ______________________

____

____

____

2. Familie Kunze fuhr ins Schwimmbad. Es war an diesem Tag furchtbar heiß. ______________

____

____

____

____

3. Die Reisenden mussten warten. Der Zug hatte Verspätung. ______________________

____

____

____

4. Die Gruppe brauchte einen Dolmetscher. Niemand konnte die Landessprache sprechen.

____

____

____

____

5. Anne blieb zu Hause. Sie wollte der Mutter im Haushalt helfen. ______________________

____

____

____

____

____

6. Alex ärgerte sich. Er hatte in Englisch wieder eine schlechte Note bekommen. ______

______

______

______

______

10 Haupt- und Nebensatzkonjunktionen (Grund und Folge) weil/da – darum/deswegen

Er blieb zu Hause, weil es regnete. – Es regnete, darum blieb er zu Hause.

Achtung: …, *darum blieb er* zu Hause. (Nicht: …, *darum er blieb* zu Hause.)
Grund und Folge nicht verwechseln! (Nicht: *Er blieb zu Hause, darum regnete es.)*

Merke:

Grund	**Folge**
Weil er zu viel gegessen hatte,	wurde ihm schlecht.
Er hatte zu viel gegessen,	*darum* wurde ihm schlecht.

a) *weil* oder *da* geben den Grund an, *darum* oder *deswegen* die Folge.
b) *weil* und *da* verlangen die Nebensatzkonstruktion (= Verb am Ende), *darum* und *deswegen (daher, deshalb)* verlangen die Hauptsatzkonstruktion (= Verb an zweiter Stelle). (Vgl. § 5, Nr. 7)

Besonderheit: *da* gibt meist einen bereits bekannten Grund an: *Da es regnet, bleiben wir lieber zu Hause.*

Verbinden Sie die Sätze einmal mit „weil" oder „da", einmal mit „darum" oder „deswegen".

1. Er hat nur ein kleines Einkommen. Er spart sehr. ______

______

______

______

2. Sie haben vier Kinder. Sie brauchen eine größere Wohnung. ______

______

______

______

3. Er fährt nach Griechenland. Er will die antiken Stätten kennen lernen. ______

______

______

______

4. Sie hatte schreckliche Zahnschmerzen. Sie musste dringend zum Zahnarzt gehen. ______

5. Sie heiratet nicht. Sie will frei bleiben in ihren Entschlüssen. ______

6. Der Mann hatte zahlreiche Diebstähle begangen. Er erhielt fünf Monate Gefängnis. ______

11 Stellung der Modalverben im Nebensatz

Er hat sich bestimmt geärgert, weil er nicht hat kommen können.

Achtung: …, weil er nicht *hat kommen können.* (Nicht: …, weil er nicht *kommen können hat.*)

Merke: Im allgemeinen gilt die Regel „Im Nebensatz steht das konjugierte Verb am Ende": …, weil er den Zug gehört *hat.* …, weil er den Zug kommen hören *konnte.* Wenn jedoch ein oder mehrere Modalverben *(können, müssen* usw.; auch *hören, sehen, lassen)* hinzutreten, steht im Perfekt/Plusquamperfekt das konjugierte Hilfsverb *(hat, hatten* usw.) **vor** den Infinitiven: …, er den Zug nicht *hat kommen hören können.*

Üben Sie nach folgendem Beispiel.

Jens konnte nicht zur Hochzeit seines Bruders kommen, weil … (Er musste für seine Firma nach Schweden reisen.)
Jens konnte nicht zur Hochzeit seines Bruders kommen, weil er für seine Firma nach Schweden *reisen musste.*

1. Ich saß ganz weit hinten, so dass … (Ich konnte den Redner nicht gut verstehen.)

2. Der Außenminister musste seine Afrikareise absagen, weil … (Er musste sich einer Operation unterziehen.) ______

3. Die Besucher stiegen auf den Turm, weil … (Sie wollten die Aussicht genießen.)

4. Gert las interessiert die Anzeigen, weil … (Er wollte sich ein neues Auto kaufen.)

5. Die Elektrofirma hat den Fernseher zurückgeholt, weil … (Der Käufer konnte die Raten nicht mehr bezahlen.)

6. Der Kühlschrank arbeitete immer schlechter, so dass … (Wir mussten ihn schließlich reparieren lassen.)

Üben Sie nach folgendem Beispiel:
(vgl. § 5, Nr. 14)

ein Schauspieler / wegen Krankheit / absagen müssen – …, fiel die Vorstellung aus.
Nachdem ein Schauspieler wegen Krankheit *hatte absagen müssen,* fiel die Vorstellung aus.

7. wir / das Auto / reparieren lassen – …, konnten wir unsere Reise fortsetzen

8. Herr Weigand / im ersten Stock / eine zweite Wohnungstür / einbauen lassen – …, konnte er die obere Wohnung vermieten

9. Frau Maier / ihre Stellung / aufgeben müssen – …, war sie lange Zeit nicht berufstätig

10. der Patient / so lange / im Bett liegen müssen – …, fiel ihm das Aufstehen und Laufen schwer

11. die Stadtverwaltung / das Hallenbad / nicht mehr länger finanzieren können – ..., versuchte man, es zu verkaufen ______________________________

12. Harald / die Schule / verlassen müssen – ..., ging er in eine Lehre ______________________________

12 Die Doppelkonjunktion „je – desto“

Je schneller Sie fahren, desto mehr Benzin brauchen Sie.

Achtung: *Je schneller Sie fahren, ...* (Nicht: *Je Sie fahren schneller, ...*)

Merke:
a) *je* + Komparativ und *desto* + Komparativ dürfen niemals durch andere Wörter getrennt werden: *Je reicher* der Mann wurde, *desto geiziger* zeigte er sich.
b) *je* leitet einen Nebensatz ein → das konjugierte Verb steht am Ende.
desto leitet einen Hauptsatz ein → das konjugierte Verb steht an der zweiten Stelle, i. A. also hinter *desto* + Komparativ.

Besonderheiten: Einige Adjektive bilden unregelmäßige Steigerungsformen:

ho**ch**, hö**h**er, am hö**ch**sten
na**h**, nä**h**er, am nä**ch**sten
gut, **besser**, am **besten**
viel, **mehr**, am **meisten**
gern, **lieber**, am **liebsten**
dun**kel**, dun**kl**er, am dun**kel**sten
e**del**, e**dl**er, am e**del**sten
teu**er**, teu**rer**, am teu**er**sten

Bilden Sie Vergleichssätze mit „je – desto“.

Er hört schlecht. Er wird launisch.
Je schlechter er hört, *desto launischer* wird er.

1. Der Taucher ist gut unterrichtet. Er fühlt sich sicher beim Tauchen. ______________________________

2. Viele Haie schwammen um den Taucher herum. Er wurde aufgeregt. ______________________________

3. Der Schwimmer verhält sich ruhig. Die Gefahr, angegriffen zu werden, ist gering. ______________________________

4. Der Taucher taucht tief. Der Wasserdruck steigt hoch. ______

5. Das Wasser ist warm. Man kann lange im Wasser bleiben. ______

6. Man kommt dem Äquator nahe. Die Welt der Meeresfische wird bunter. ______

13 Stellung des Verbs beim irrealen Vergleichssatz mit „als"

Er tut so, als ob er mich nicht verstünde. – …, als verstünde er mich nicht.

Achtung: …, *als verstünde* er mich nicht. (Nicht: …, *als* er mich nicht *verstünde.*)

Merke: Die Konjunktion *als* verlangt (im Gegensatz zu *als ob, als wenn, wie wenn*) die Umstellung des Verbs, d. h., das Verb steht direkt hinter *als: Es sieht so aus, als gäbe es gleich Regen. – Er schaute mich an, als hätte er mich nicht verstanden.*

Bilden Sie irreale Vergleichssätze mit „als".

Er sieht mich an, *als ob* er mich nicht verstanden *hätte.*
Er sieht mich an, *als hätte* er mich nicht verstanden.

1. Inge sieht aus, als ob sie krank wäre. ______

2. Es sieht aus, als ob es bald regnen würde. ______

3. Er tat so, als ob er nicht schwimmen könnte. ______

4. Er aß und aß, als ob er drei Tage lang nichts gegessen hätte. ______

5. Ich hörte seltsame Geräusche im Keller, wie wenn da Einbrecher wären. ______

6. Tu doch nicht so, als wenn du mich nicht verstehen könntest! ______

14 Vorzeitigkeit beim „nachdem“-Satz

Nachdem wir gegessen haben, gehen wir in die Stadt. Nachdem wir gegessen hatten, gingen wir in die Stadt.

Achtung: Nachdem wir *gegessen hatten, gingen* wir ... (Nicht: Nachdem wir *gegessen haben, gingen* wir ...)

Merke: Die Konjunktion *nachdem* verlangt immer einen Tempuswechsel nach folgendem Schema:

nachdem-Satz	Hauptsatz
Perfekt →	Präsens oder Futur
Plusquamperfekt →	Präteritum (Perfekt)

Ergänzen Sie das Verb in der richtigen Zeit.

1. Nachdem ich gegessen ____________, bin ich zu euch gekommen.
2. Nachdem wir Ihren Auftrag erhalten ____________, haben wir die Ware sofort abgeschickt.
3. Nachdem wir die Ware erhalten ____________, prüfen wir sie sofort.
4. Nachdem der Architekt den Plan gezeichnet ____________, konnten wir mit dem Bau des Hauses beginnen.
5. Das Schiff ging erst unter, nachdem alle Personen gerettet ____________.
6. Nachdem ich ausgeschlafen ____________, gehe ich unter die Dusche.
7. Nachdem die Mannschaft das Spiel gewonnen ____________, wurde der Sieg gefeiert.
8. Nachdem das Flugzeug gelandet ____________, wurde die Maschine aufgetankt.
9. Das Mittagessen wurde erst ausgegeben, nachdem die Maschine wieder gestartet ____________.
10. Nachdem wir angekommen ____________, werden wir zuerst nach einem Hotelzimmer suchen.

15 Tempuswechsel im Haupt- und Nebensatz

Als der letzte Matrose das Schiff verlassen hatte, ging es unter.

Achtung: ... *verlassen hatte, ging* es unter. (Nicht: ... *verließ, ging* es unter.)

Merke: Bei Temporalsätzen kann der Sachverhalt im Hauptsatz und der Sachverhalt im Nebensatz a) gleichzeitig oder b) zu verschiedenen Zeiten ablaufen:
a) Seit ich nicht mehr *rauche, geht* es mir besser.
b) Seit ich den schrecklichen Unfall *gesehen habe, fahre* ich vorsichtiger.

Die Konjunktionen *während* und *nachdem* haben hierbei feste Regeln: *nachdem* verlangt immer unterschiedliche Tempora (vgl. Nr. 14); *während* verlangt immer das gleiche Tempus im Haupt- und Nebensatz. Bei anderen Temporalsätzen gibt es keine festen Regeln; entscheidend ist, wie die Sachverhalte zeitlich aufeinander bezogen sind:

a) *Als die Sonne unterging,* } *verließen die Badegäste den Strand.*
b) *Als die Sonne untergegangen war,*

Bei a) gingen die Badegäste bereits, *während* die Sonne unterging. Bei b) gingen die Badegäste erst, *nachdem* die Sonne untergegangen war.

Überlegen Sie, welches Tempus Sie bei den folgenden Sätzen verwenden müssen.

1. Warum kaufen die Leute im Kaufhaus so viele Dinge, die sie vorher gar nicht kaufen ______________________________ ? (wollen)
2. Die Hausfrauen kauften nicht nur die Waren, die sie zu Hause auf einen Zettel ______________________________ . (schreiben)
3. Sie machten nicht nur die geplanten Einkäufe, sondern kauften auch Waren, nur weil sie ihnen ______________________________ . (gefallen)
4. Seit ich nicht mehr so fett esse, ______________ es mir besser. (gehen)
5. Seit ich den elektrischen Strom ______________________________ , läuft auch der Kühlschrank nicht mehr. (ausschalten)
6. Der Strom bleibt ausgeschaltet, bis ich den Kühlschrank ______________________________ . (reparieren)
7. Solange ich ______________ , wird es dir nicht schlecht gehen! (leben)
8. Die Arbeiten werden korrigiert; nur wer keinen Fehler ______________________________ , kriegt eine Eins. (machen)
9. Ruf bitte an, sobald du ______________ ! (können)
10. Stefan beginnt sein Praktikum, sobald er sein Abitur ______________________________ . (machen)

16 „wenn" oder „als"?

Klingle zweimal, wenn du kommst! – Sie klingelte zweimal, als sie kam.

Achtung: *Als* der Zweite Weltkrieg *begann, …* (Nicht: *Wenn …*)

Merke: Bei der Frage *wenn* oder *als* gilt folgende Regel:

	Präsens oder Futur	Vergangenheitsform
wiederholte Handlung *(jedesmal/immer)*	*wenn*	*wenn*
einmalige Handlung	*wenn*	*als*

Als sie gestern kam, klingelte sie zweimal. – Immer, wenn sie kam, klingelte sie zweimal.

„wenn" oder „als"?

1. ____________ du gehst, mach bitte das Licht aus!
2. ____________ sie zurückkam, brannte das Licht immer noch.
3. Jedesmal, ____________ er Alkohol getrunken hatte, fing er an zu streiten.
4. ____________ die alten Freunde zusammenkamen – das war immer einmal im Monat –, musizierten sie zusammen.
5. ____________ Kolumbus Amerika erreicht hatte, glaubte er in Indien zu sein.
6. Tausende fuhren hinaus ins Grüne, ____________ das Wetter am Sonntag endlich einmal wieder schön war.

17 Das Relativpronomen im Genitiv

Der Boxer, dessen Nase blutete, …

Achtung: …, *dessen Nase* blutete, … (Nicht: …, *dessen die Nase blutete, …*)

Merke: Das Substantiv hinter dem Relativpronomen *(dessen/deren)* verliert seinen Artikel. (Vgl. Teil 2, § 6)

Setzen Sie Relativsätze ein, wie im Beispiel.

Der Boxer wurde ärztlich behandelt. (Die Nase des Boxers blutete.)
Der Boxer, *dessen Nase* blutete, wurde ärztlich behandelt.

1. Das Gift wurde dem Labor übergeben. (Die Zusammensetzung des Giftes sollte festgestellt werden.) ____

____

____

2. Der Fahrer des Unfallwagens fuhr mit hoher Geschwindigkeit davon. (Die Nummer des Wagens war von einem Passanten notiert worden.) ______________________________

____

____

____

3. Der Unterricht fiel für die Kinder der sechsten Klasse aus. (Der Lehrer der sechsten Klasse war erkrankt.) ______________________________

____

____

4. Dem Trainer wurde vom Vereinsvorstand gekündigt. (Mit den Methoden des Trainers war man nicht einverstanden.) (mit dessen) ______________________________

____

____

5. Die beiden Reisenden erhielten von der Fluggesellschaft finanziellen Ersatz. (Das Gepäck der beiden Reisenden war verloren gegangen.) ______________________________

____

____

____

6. Die fünf Skifahrer werden seit gestern vermisst. (Die Spur der Skifahrer konnte man bis in ein Felsgebiet verfolgen.) ______________________________

____

7. Der Tourist wurde sofort festgenommen. (In dem Gepäck des Touristen war Haschisch gefunden worden.) ______________________________

____

____

8. Das Krankenhaus wird wahrscheinlich geschlossen. (Das Pflegepersonal des Krankenhauses befindet sich seit drei Wochen im Streik.) ______________________________

____

____

____

18 damit (= Konjunktion) – damit (= Pronominaladverb)

…, damít die Vögel ihm die Kirschen nicht wegfraßen. (Betonung auf der 2. Silbe) …, dámit waren alle einverstanden. (Betonung auf der 1. Silbe)

Achtung: Der Sprecher schlug eine Pause vor; *damit waren* alle einverstanden. (Nicht: *damit* alle einverstanden *waren.*)

Merke: a) *damit* (Konjunktion, die einen finalen Nebensatz einleitet), Betonung auf *mit* verlangt die Nebensatzkonstruktion (Verb am Ende): *Nimm einen Schal, damit du dich nicht erkältest!*
b) *damit* (Pronominaladverb, Betonung auf *da*) bedeutet „mit einer Sache", „mit einem Sachverhalt". Es kann an verschiedenen Stellen im Haupt- oder Nebensatz stehen: *Sie gab ihm ein Trinkgeld; damit* (= mit dem Trinkgeld) *war er aber nicht zufrieden. …, aber er war damit nicht zufrieden. – „Hier hast du 20 Mark." – „Was soll ich damit* (= mit den 20 Mark) *machen?"*

Stellen Sie „damít" bzw. „dámit" an den Anfang des zweiten Satzes.

1. „Komm näher!", sagte der Wolf. „Ich kann dich besser fressen." ______________________

____

____

2. Da er seine Brille vergessen hatte, gab ich ihm meine. Er konnte die Speisekarte aber trotzdem nicht lesen. ____

____

____

3. Ein Mann baute einen großen Ballon. In der Nacht flog er heimlich über die Grenze. ______

____

____

4. Der Arbeitgeber bot eine zweiprozentige Lohnerhöhung. Die Arbeiter waren aber nicht zufrieden. ____

____

____

____

5. Nehmen Sie ein Taxi! Sie kommen noch rechtzeitig zum Bahnhof. (2 Möglichkeiten) ______

____

____

6. Der Student kaufte sich ein Fernrohr. Er konnte die Sterne besser beobachten. (2 Möglichkeiten) ____

____

____

19 Satzverbindungen, die man vermeiden sollte: „dass-wenn“-Sätze

Merke: Vermeiden Sie *dass-wenn*-Sätze! Sie sind stilistisch nicht gut; vor allem macht der Lerner meist Fehler in der Verbstellung. Beispiel: *Denken Sie daran, dass Sie, wenn Sie Ihre Wohnung für mehrere Tage verlassen, einen Nachbarn bitten, Ihren Briefkasten regelmäßig zu leeren.*
Besser: *Wenn Sie Ihre Wohnung für mehrere Tage verlassen, dann denken Sie daran, dass Sie einen Nachbarn bitten, Ihren …* Oder: *Verlassen Sie Ihre Wohnung für mehrere Tage, so denken Sie daran, einen Nachbarn zu bitten, Ihren …*

Verändern Sie in ähnlicher Weise die folgenden Sätze:

1. Es ist unbedingt zu beachten, dass man, wenn die beiden Holzteile zusammengeleimt werden, diese 24 Stunden trocknen lässt. ______

2. Es kommt immer wieder vor, dass ein Fahrer, wenn er einen Fußgänger angefahren hat, Fahrerflucht begeht und sich dadurch strafbar macht. ______

3. Mein Freund schrieb mir, dass er, wenn er Zeit hat, die Automobilausstellung in Frankfurt am Main besuchen will. ______

4. Sag ihm bitte, dass, wenn er zurückkommt, er mich sofort anrufen soll. ______

5. Ich sagte ihm, dass, wenn er weiter so viel raucht, er mit schweren gesundheitlichen Schäden rechnen muss. ______

6. Wir wissen, dass, wenn sie ihr Examen gemacht hat, sie keine Anstellung finden wird. ______

20 Die Infinitivkonstruktion I

Er hofft, dass er bald gesund ist. – Er hofft, bald gesund zu sein.

Achtung: Er hofft, *dass er bald gesund ist.* (Nicht: Er hofft, *er bald gesund zu sein.*)

Merke: Die Infinitivkonstruktion hat kein eigenes Subjekt. Sie bezieht sich daher auf das Subjekt im Hauptsatz (Ausnahme vgl. § 5 Nr. 21):
Sie hofft, dass sie um sieben Uhr zu Hause ist.
Sie hofft, um sieben Uhr zu Hause zu sein.
Eine Infinitivkonstruktion anstelle eines *dass*-Satzes ist nur möglich, wenn das Subjekt im Hauptsatz mit dem Subjekt im *dass*-Satz identisch (= gleich) ist.

Kommaregel: siehe Teil 2, § 10, 7

Wo ist die Infinitivkonstruktion möglich?

Ali glaubt, dass *er* bald in seine Heimat reisen kann.
Ali glaubt, bald in seine Heimat reisen zu können.
Betty hofft, dass *ihre Freundin* bald kommt.
(Keine Infinitivkonstruktion möglich!)

1. Herr Sundlmayer freut sich, dass er bald wieder zu Hause ist. ______
2. Wissen Sie, dass Freitag ein Feiertag ist? ______
3. Wir glauben, dass wir die richtige Entscheidung getroffen haben. ______
4. Frau Selbach bedauert jetzt, dass sie den drei Jahre alten Wagen gekauft hat. ______
5. Frau Höfer hofft, dass ihre Reisebekanntschaft sich wieder bei ihr meldet. ______
6. Georg ärgert sich, dass er nicht zu Hause war, als wir ihn besuchen wollten. ______
7. Gott weiß, dass ich die Wahrheit gesagt habe. ______
8. Der Angeklagte hofft, dass der Richter ihn freispricht. ______

9. Der Verteidiger nimmt an, dass der Angeklagte straffrei bleibt. ______________________

10. Der Richter ist der Überzeugung, dass er den Angeklagten bald überführen kann. ______

21 Die Infinitivkonstruktion II

Wir rieten ihr, einige Tage im Bett zu bleiben.

Merke: Im Allgemeinen ist eine Infinitivkonstruktion nur möglich, wenn das Subjekt im Hauptsatz mit dem Subjekt im *dass*-Satz identisch (= gleich) ist (vgl. § 5, Nr. 20). Eine Ausnahme von dieser Regel ist möglich bei den Verben des Bittens, Befehlens oder Ratens sowie bei *helfen* im Hauptsatz: *auffordern, befehlen, bewegen (bewog, bewogen), bitten, drängen, empfehlen, [er]mahnen, ersuchen, raten, verbieten, verlangen, warnen, zwingen: Er bat ihn, (dass er nicht raucht.) nicht zu rauchen. – Die Eltern verboten den Kindern, (dass sie auf der Straße spielen.) auf der Straße zu spielen.*

Besonderheit: Wenn in einem Satz mehrere Infinitive vorkommen, muss vor jedem Infinitiv *zu* wiederholt werden: *Er bat ihn, bald wiederzukommen und zu berichten.*

Kommaregel: siehe Teil 2, § 10, 7.

Wie lautet die Infinitivkonstruktion?

Ich empfehle Ihnen, dass Sie abends früh zu Bett gehen.
Ich empfehle Ihnen, abends früh zu Bett zu gehen.

1. Die Eltern erlauben den Kindern, dass sie ins Kino gehen. ______________________

2. Der Vater verbietet dem Jüngsten, dass er allein chemische Experimente macht. ________

3. Ich bat ihn, dass er mir beim Umzug hilft. ______________________

4. Der Lehrer empfahl den Eltern, dass sie ihren Sohn mehr loben und weniger an ihm herumkritisieren. ______________________

5. Der Professor bewog den Studenten, dass er weitermacht und sich zur Prüfung anmeldet.

6. Ich helfe ihm, dass er seine Prüfungsarbeit rechtzeitig abliefert. ______

______

______

22 Die Infinitivkonstruktion III

Es ist langweilig, stundenlang warten zu müssen.

Merke: a) In dem obigen Satz ist die Infinitivkonstruktion selbst das Subjekt: *Das stundenlange Wartenmüssen ist langweilig.* → *Es ist langweilig, stundenlang warten zu müssen.*
Derartige Sätze beginnen immer mit dem „grammatischen Subjekt" *es: Es ist langweilig, … Es ist schade, … Es ist leicht/schwer/unmöglich, …* b) Nachgestellt fällt *es* weg: *Stundenlang warten zu müssen ist langweilig.*

Bilden Sie Infinitivkonstruktionen.

Es ist langweilig, *dass ich stundenlang warten muss.*
Es ist langweilig, *stundenlang warten zu müssen.*

1. Es macht keinem Menschen Freude, wenn er wochenlang im Bett liegen muss. ______

______

______

2. Es ist ungesund, wenn ihr so lange sitzt und euch nicht bewegt! ______

______

3. Es macht mir Spass, dass ich Gitarre spielen kann. ______

______

4. Es ist strafbar, wenn man bei Rot über die Kreuzung fährt. ______

______

5. Es ist gefährlich, wenn man Klettertouren in den Alpen allein unternimmt. ______

______

______

6. Es ist verboten, dass man Gegenstände aus dem fahrenden Zug wirft. ______

______

7. Es ist für die Pflanzen wichtig, dass sie täglich gegossen werden. ______

______

8. Es ist für seinen Beruf unbedingt erforderlich, dass er die Meisterprüfung macht. ______

______

______

23 Die Infinitivkonstruktion IV

Er bat um die Speisekarte. – Er bat den Ober (darum), ihm die Speisekarte zu bringen.

Merke: *Er wurde darum gebeten, einen Brief mitzunehmen.* (Nicht: *Er wurde gebeten, um einen Brief mitzunehmen.*)
Man sagt entweder *jdn. bitten um* + Akk. *(Fritz bat Lutz um Geld.)* oder *jdn. bitten darum, ...* + Infinitivkonstruktion *(Fritz bat Lutz darum, ihm Geld zu leihen.)* oder *jdn. bitten darum, dass ... (Fritz bat darum, dass man ihm das Geld bald geben möge.)*

Achtung: *darum* ist ein Pronominaladverb, das auf den darauffolgenden Nebensatz hinweist. Dieses Pronominaladverb kann weggelassen werden bei *bitten* und bei den folgenden Verben: *sich ärgern (über), auffordern (zu), hoffen (auf), überreden (zu)* u. a.

Besonderheit: Gibt es mehrere Infinitive, so muss vor jedem Infinitiv *zu* stehen: *Er bat die Kinder darum, das Radio abzustellen, still zu sein und nicht zu stören.*

Kommaregel: siehe Teil 2, § 10, 7.

Bilden Sie, wie im folgenden Beispiel, je zwei Sätze im Präteritum:

Hans / gebeten werden um a) einen Gefallen b) sein Radio leiser stellen
a) Hans wurde *um einen Gefallen gebeten.*
b) Hans wurde *darum gebeten, sein Radio leiser zu stellen.*

1. mein Freund / kommen auf a) eine gute Idee b) den Wecker in eine Schüssel stellen ______

______

______

______

2. die Sekretärin / sich kümmern um a) den Besucher b) ein Hotel finden ______

______

______

______

3. der Student / bitten um a) Ruhe b) das Radio leiser stellen und ihn nicht stören ______

______

______

______

4. der Gastwirt / den Betrunkenen auffordern zu a) das Verlassen des Lokals (zum) b) das Lokal verlassen ______

______

______

______

5. er / seinen Bruder bewahren vor a) eine Fehlentscheidung b) eine Fehlentscheidung treffen

6. ich / den Freund warnen vor a) dem Hund b) den Hund streicheln

24 Stellung des Reflexivpronomens

Es entstand Unruhe, weil sich der Mann beschwerte. – …, weil er sich beschwerte.

Achtung: …, weil *er sich* beschwerte. (Nicht: …, weil *sich er* beschwerte.)

Merke: Der Lernende hält sich am besten an folgende Regel:

a) Im Hauptsatz stellt man das Reflexivpronomen (*mich, dich, sich* usw.) hinter die konjugierte Form des Verbs: *Nach einem Jahr konnte sich der Mann an nichts mehr erinnern.* Folgt aber dem Verb ein Personalpronomen (*er, sie, es* usw.), stellt man das Reflexiv- *hinter* das Personalpronomen: *Später konnte er sich an nichts mehr erinnern.*

b) Im Nebensatz stellt man das Reflexivpronomen hinter das Einleitewort: …, *weil sich diese Regel bewährt hat.* Ausnahme wie oben: …, *weil sie sich bewährt hat.*

c) Bei der Infinitivkonstruktion stellt man das Reflexivpronomen an den Anfang: *Sie werden gebeten, sich nicht auf die Museumsstühle zu setzen.*

Setzen Sie das angegebene Reflexivpronomen an der richtigen Stelle ein.

1. Es ist bekannt, dass das stark giftige Cadmium in Pilzen anreichert. (sich)

2. Ich weiß gar nicht, warum der Mann vorhin so geärgert hat. (sich)

3. Schon bevor er sein Examen abgelegt hat, hatte er auf seine Doktorarbeit vorbereitet. (sich)

4. Als die Entführten zu sich kamen, befanden sie in einer großen Höhle. (sich)

5. Die Studenten trafen wöchentlich einmal in einem Lokal. (sich) ______________________

____

____

6. Als die Patientin aufwachte, konnte sie an nichts erinnern. (sich) ______________________

____

____

7. Wir bemühten uns, nicht in dem riesigen Gebäude zu verirren. (uns) ____________________

____

____

8. Sie werden gebeten, bei Betreten des Gebäudes unaufgefordert auszuweisen. (sich) _______

____

____

9. Versuche wenigstens, wegen deines gestrigen Benehmens beim Gastgeber zu entschuldigen. (dich) ____

____

____

Test 7

(Schreiben Sie bitte Ihre Lösung auf ein extra Blatt)

zu Nr. 1: *Setzen Sie die Verben an die richtige Stelle.* a) In dem Staub und Rauch eines Schlachtfeldes früher ein Soldat unbemerkt. (konnte / fliehen) b) So die Redensart „sich aus dem Staub machen". (entstand) c) Vor noch nicht so langer Zeit uns unser früherer Nachbar. (besuchte)

zu Nr. 2: *Aufgabe wie oben.* a) Mit der alten Brille ich nicht mehr richtig. (kann / sehen) b) Eigentlich wir im Sommer nach Italien. (hatten / wollen / fahren) c) Aber dann ich meinen Urlaub nicht. (habe / können / antreten) d) Denn ich für meine Firma nach Oslo. (musste / fliegen) e) Ich nämlich an einer Ingenieur-Tagung. (sollte / teilnehmen)

zu Nr. 3: *Verbinden Sie die Sätze durch „und" und lassen Sie, wenn möglich, das Subjekt des zweiten Satzes weg.* a) Die Kinder waren am Heiligabend mit ihrem neuen Spielzeug beschäftigt. Sie wollten absolut nicht ins Bett gehen. b) Die Eltern hatten Verständnis für ihre Kinder. Sie ließen sie spielen. c) Aber nach weiteren zwei Stunden waren die Kinder schrecklich müde. Sie gingen von selbst ins Bett. d) Die Eltern lasen. Die Kinder schliefen friedlich.

zu Nr. 4: *Ersetzen Sie das kursiv gedruckte Wort durch ein Pronomen.* a) Der Vermieter kündigte dem Studenten *die Wohnung.* b) Kurt hatte von seiner Mutter einen Ring geerbt. Er schenkte seiner Frau *den Ring.* c) Der Schüler stahl *dem Lehrer* das Wörterbuch. d) Der Kaufmann gab *dem Kunden die Ware.*

zu Nr. 5: *„als" oder „wie"?* a) Du sollst deinen Nächsten lieben … dich selbst! (Bibel) b) Unser Haus ist zwei Stockwerke höher … das unseres Nachbarn. c) Sie backt den Apfelkuchen ganz anders … ich.

zu Nr. 6: *„damit" oder „mit ihm (ihr/ihnen)"?* a) Ich habe hier eine nette Kollegin kennen gelernt; … werde ich eine Wanderung machen. b) Hier hast du das Werkzeug; … kannst du dein Fahrrad reparieren. c) Ich habe noch einen älteren Bruder; … habe ich mich oft gestritten.

zu Nr. 7: *Verbinden Sie die zwei Sätze mit der angegebenen Konjunktion.* a) Die Mutter rief das Kind. Es antwortete nicht. (aber) b) Alle Nachbarn suchten das Kind. Sie fanden es nicht. (jedoch) c) Es war in den nahen Wald gelaufen. Sie konnten es nicht finden. (deshalb) d) Die Eltern waren sehr aufgeregt. Sie befürchteten ein Unglück. (a) denn b) weil) e) Das Kind hatte großen Hunger. Es war erschöpft unter einem Baum eingeschlafen. (deshalb)

zu Nr. 8: *Verbinden Sie den Hauptsatz mit dem Nebensatz.* a) Bevor die Expedition startete, … (Man hatte sich jahrelang vorbereitet.) b) Da der Expeditionsleiter schwer erkrankte, … (Ein anderes Mitglied der Expedition wurde zum Leiter bestimmt.) c) Nachdem die Expedition zurückgekehrt war, … (Zahlreiche Messdaten mussten ausgewertet werden.)

zu Nr. 10: *Verbinden Sie die zwei Sätze sinnvoll mit a) „denn", b) „weil", c) „darum".* a) Die Stadtverwaltung hatte ein großes Fest organisiert. Man wollte das 1000-jährige Bestehen der Stadt feiern. b) Es gab auch eine Ausstellung und Vorträge. Die Einwohner sollten an die Geschichte der Stadt erinnert werden. c) Maiers verließen frühzeitig am Abend das Fest. Es gefiel ihnen dort nicht.

Test 8

(Schreiben Sie bitte Ihre Lösung auf ein extra Blatt)

zu Nr. 11: *Schließen Sie den zweiten Satz in der angegebenen Art an.* a) Der Ingenieur hatte sich eine Funkstation gebaut, weil … (Er wollte mit anderen Funkamateuren in der Welt in Verbindung treten.) b) Er hatte eine Prüfung ablegen müssen, weil … (Man darf ohne Prüfung keine Funkstation betreiben.) c) Er hatte nicht gewusst, dass … (Die Prüfung würde sehr streng sein und er musste so viel dafür lernen.)
zu Nr. 12: *Verbinden Sie die zwei Sätze mit „je … desto".* a) Ich arbeite viel. Ich bin am Abend müde. b) Wir schrieben uns oft. Wir verstanden uns gut. c) Der Lehrer sprach leise. In der Klasse wurde es ruhig.
zu Nr. 13: *Ersetzen Sie „als ob" durch „als".* a) Er sprach so laut, als ob wir alle schwerhörig wären. b) Der Mann rannte plötzlich davon, als ob die Polizei hinter ihm her wäre. c) Die Stimme meines Bruders in Rio klang am Telefon so klar, als ob er hier von diesem Ort aus mit mir telefoniert hätte.
zu Nr. 14: *Perfekt oder Plusquamperfekt?* a) Nachdem der Redner geendet …, klatschten die Leute begeistert Beifall. b) Nachdem wir Heidelberg erreicht …, werden wir uns die Stadt ansehen. c) Nachdem sie seinen Brief erhalten …, ist sie wieder ganz beruhigt.
zu Nr. 15: *Welches Tempus?* a) Ich muss so lange ohne Auto auskommen, bis die Werkstatt den Wagen … (reparieren) b) Er ist immer ein starker Raucher gewesen, bis ihm der Arzt das Rauchen … (verbieten) c) Dann hörte er ganz auf zu rauchen; jetzt … viel wohler. (sich fühlen)
zu Nr. 16: *„wenn" oder „als"?* a) Herr Koch war ein guter Handwerker; … etwas zu reparieren war, brachte ich es zu ihm; er hat mir immer geholfen. b) … ich damals das Haus erbte, habe ich überall neue Fenster einsetzen lassen. c) … wir neulich in Luzern waren, besuchten wir das Technische Museum.
zu Nr. 17: *Bilden Sie aus dem zweiten Satz einen Relativsatz im Genitiv.* a) Man hat die alte Schule abgerissen. Die Wände und Decken der Schule hatte gefährliche Risse. b) Der Kaufmann musste sein Geschäft schließen. Der Buchhalter des Kaufmanns hatte ihn jahrelang bestohlen. c) Wir versuchten die Nachbarin zu trösten. Ihr Sohn war mit dem Auto verunglückt.
zu Nr. 18: *Verbinden Sie die zwei Sätze mit „dámit" oder „damít" sinnvoll.* a) Der Onkel hatte dem Sechsjährigen eine elektrische Eisenbahn geschenkt. Der Junge konnte aber (mit der Eisenbahn) noch gar nichts anfangen. b) Wir haben die Klingel abgestellt. Wir (wollen) nicht geweckt werden. c) Lass mich bitte mit deinen Geschäften in Ruhe. Ich will (mit diesen Dingen) nichts zu tun haben!
zu Nr. 20: *Wandeln Sie dass-Sätze in Infinitivkonstruktionen um, wenn dies möglich ist.* **I** Wie soll sich der Briefträger denn davor schützen … a) dass er von den Hunden der Hausbewohner gebissen wird? b) dass ihn immer wieder Hunde der Hausbewohner beißen? **II** Ich kann mich nicht daran gewöhnen, … a) dass ich so früh aufstehen muss. b) dass der Mieter über uns den ganzen Tag Opernarien singt.
zu Nr. 21: *Bilden Sie Infinitivkonstruktionen.* a) (Bring mir (bitte) das Buch zurück!) Ich bat ihn, … b) (Essen Sie kein fettes Fleisch!) Der Arzt riet ihm, … c) (Fahren Sie nicht mit dem Moped auf dem Fußweg!) Es ist verboten, …
zu Nr. 22: *Bilden Sie Infinitivkonstruktionen.* a) (Ich wollte ihn zum Schweigen bringen.) Es gelang mir nicht, … b) (In dem See darf man nicht baden!) Es ist verboten, … c) (Man muss der alten Dame beim Aus- und Einsteigen helfen.) Es ist notwendig, …
zu Nr. 24: *Setzen Sie „sich" an der richtigen Stelle ein.* a) Was war denn der Grund, dass Uwe so geärgert hat? b) Ich weiß auch nicht, warum er so aufgeregt hat. c) Vielleicht wäre es gut, wenn man mal richtig aussprechen würde.

Anhang

Tabelle 1: Präpositionen

+ = Die Präposition wird nachgestellt.
Häufig vorkommende Präpositionen sind kursiv gedruckt.

a) Präpositionen mit dem Genitiv

Die mit einem * gekennzeichneten Präpositionen werden auch mit dem Dativ gebraucht. Präpositionen mit (*) werden jedoch nur umgangssprachlich mit dem Dativ gebraucht.

abseits, angesichts, anlässlich, *anstatt, aufgrund,* beiderseits, binnen*, dank*, diesseits, entlang (wenn vorangestellt vgl. c), halber (immer +), *infolge,* inmitten, innerhalb, jenseits, kraft, längs*, mangels, mittels, oberhalb, seitens, *statt* (*), *trotz**, um … willen, ungeachtet, unterhalb, unweit, vermittels, vermöge, *während, wegen* (*) (auch +), zeit, zufolge (vorangestellt; als Ausdruck der Folge oder Wirkung vgl. b), zugunsten

b) Präpositionen mit dem Dativ

ab (bei temporalem Gebrauch vgl. c) *aus,* außer, *bei,* dank, entgegen (auch +), entsprechend (auch +), fern, gegenüber (auch +), gemäß (auch +), laut, *mit, nach,* nächst, nebst, samt, *seit, von, zu,* zufolge (+, als Ausdruck der Übereinstimmung vgl. a)

c) Präpositionen mit dem Akkusativ

ab (bei lokalem Gebrauch vgl. b), *bis, durch,* entlang (wenn + vgl. a), *für, gegen, ohne, um,* wider

d) Präpositionen mit Dativ oder Akkusativ

an, auf, hinter, in, neben, über, unter, vor, zwischen

Tabelle 2: Oft gebrauchte Substantive der (e)n-Deklination

1. der Affe, des Affen
   der Bär, des Bären
   der Bauer, des Bauern
   der Bote, des Boten
   der Bube, des Buben
   der Bulle, des Bullen
   der Bursche, des Burschen
   der Erbe, des Erben
   der Experte, des Experten
   der Fürst, des Fürsten
   der Gefährte, des Gefährten
   der Genosse, des Genossen
   der Graf, des Grafen
   der Hase, des Hasen
   der Heide, des Heiden
   der Held, des Helden
   der Herr, des Herr*n* (Pl. die Herr*en*)
   der Hirte, des Hirten
   der Insasse, des Insassen
   der Jude, des Juden
   der Junge, des Jungen
   der Kamerad, des Kameraden
   der Knabe, des Knaben
   der Kollege, des Kollegen
   der Komplize, des Komplizen
   der Kunde, des Kunden
   der Laie, des Laien
   der Lotse, des Lotsen
   der Löwe, des Löwen
   der Mensch, des Menschen
   der Nachbar, des Nachbarn
   der Nachkomme, des Nachkommen
   der Narr, des Narren
   der Neffe, des Neffen
   der Ochse, des Ochsen
   der Pate, des Paten
   der Prinz, des Prinzen
   der Rabe, des Raben
   der Rebell, des Rebellen
   der Riese, des Riesen
   der Satellit, des Satelliten
   der Soldat, des Soldaten
   der Sklave, des Sklaven
   der Zeuge, des Zeugen

2. Alle maskulinen Substantive auf
   -and, -ant, -ent:
   der Doktorand – des Doktoranden
   der Elefant – des Elefanten
   der Student – des Studenten
   der Präsident – des Präsidenten
   der Demonstrant – des Demonstranten
   der Musikant – des Musikanten
   der Produzent – des Produzenten
   der Lieferant – des Lieferanten

   -ist:
   der Christ – des Christen
   der Kommunist – des Kommunisten
   der Polizist – des Polizisten
   der Kapitalist – des Kapitalisten
   der Journalist – des Journalisten
   der Sozialist – des Sozialisten
   der Terrorist – des Terroristen
   der Utopist – des Utopisten
   der Idealist – des Idealisten

3. Maskuline Substantive – meist Berufsbezeichnungen – aus dem Griechischen:
   der Biolo*ge* – des Biologen
   der Soziolo*ge* – des Soziologen
   der Demokr*at* – des Demokraten
   der Bürokr*at* – des Bürokraten
   der Diplom*at* – des Diplomaten
   der Autom*at* – des Automaten
   der Fotograf – des Fotografen
   der Seismograph – des Seismographen
   der Architekt – des Architekten
   der Philosoph – des Philosophen
   der Monarch – des Monarchen
   der Katholik – des Katholiken

Ausnahmen: Einige Substantive bilden den Genitiv Singular zusätzlich mit *-s:*
der Buchstabe – des Buchstaben*s* – die Buchstaben
der Gedanke – des Gedanken*s* – die Gedanken
der Name – des Namen*s* – die Namen
das Herz – des Herzen*s,* dem Herzen, das Herz – (Pl.) die Herzen

Tabelle 3: Die Adjektivdeklination

a) Die Deklination des Adjektivs mit dem bestimmten Artikel (auch nach: *dieser, jener, jeder, mancher, solcher, welcher, derjenige, derselbe; beide* [Pl.], *sämtliche* [Pl.])

		Maskulinum	*Femininum*	*Neutrum*
Singular	Nominativ	der -e	die -e	das -e
	Akkusativ	den **-en**	die -e	das -e
	Dativ	dem **-en**	der **-en**	dem **-en**
	Genitiv	des **-en**	der **-en**	des **-en**
		Maskulinum + Femininum + Neutrum		
Plural	Nominativ	die **-en**		
	Akkusativ	die **-en**		
	Dativ	den **-en**		
	Genitiv	der **-en**		

Beachten Sie: Nur fünf Formen haben *nicht* die Endung *-en*!
Genitiv und Dativ haben immer die Endung *-en*! Der Plural hat immer die Endung *-en*!

b) Die Deklination des Adjektivs ohne Artikel (auch nach: *allerlei, etwas, genug, manch*, mancherlei, mehr, solch*, viel-, wenig-*)

		Maskulinum	*Femininum*	*Neutrum*
Singular	Nominativ	-er	-e	-es
	Akkusativ	-en	-e	-es
	Dativ	-em	-er	-em
	Genitiv	**-en**	-er	**-en**
		Maskulinum + Femininum + Neutrum		
Plural	Nominativ	-e		
	Akkusativ	-e		
	Dativ	-en		
	Genitiv	-er		

Beachten Sie: Nur zwei Formen (fett gedruckt) haben *nicht* die Endung des bestimmten Artikels.

* Wenn diese Wörter *ohne* Deklinationsendung gebraucht werden (vgl. a).

c) Die Deklination des Adjektivs mit dem unbestimmten Artikel *(ein, eine, ein),* die „gemischte" Deklinationsreihe (auch nach allen Possessivpronomen [*mein, dein, sein* usw.] sowie nach *kein, keine, kein*)

		Maskulinum	*Femininum*	*Neutrum*
Singular	Nominativ	ein -er	eine -e	ein -es
	Akkusativ	einen -en	eine -e	ein -es
	Dativ	einem -en	einer -en	einem -en
	Genitiv	eines -en	einer -en	eines -en

Beachten Sie:
Bei der „gemischten“ Deklination folgt das Adjektiv im Nominativ und Akkusativ der b-Deklination und im Genitiv und Dativ der a-Deklination.
Es gibt keine gemischte Deklination im Plural. Ein Ausdruck mit dem unbestimmten Artikel im Singular (z. B.: ein gute**r** Freund) folgt im Plural der b-Deklination (gut**e** Freunde).
Ausdrücke mit dem Possessivpronomen (oder mit *kein*) im Singular (z. B.: mein/kein gute**r** Freund) folgen im Plural der a-Deklination (meine/keine gut**en** Freunde).

Tabelle 4: Die starken und unregelmäßigen Verben

Vorbemerkungen

1. Die nachfolgenden Verben sind vielfältig verwendbar, d. h., ihre Bedeutung variiert je nach dem Gebrauch von Präfixen, Präpositionen usw., z. B. *brechen*:
   Der Verlobte hat *sein Wort* (A) gebrochen.
   Der Junge hat den Ast *ab*gebrochen.
   Vier Häftlinge sind aus dem Gefängnis *aus*gebrochen.
   Der Gast hat das Glas *zer*brochen.
   Er hat *sich* den Arm gebrochen.
   Der junge Mann hat *mit* seinen Eltern gebrochen.
   Der Kranke hat *dreimal am Tag* gebrochen.
2. Die Angaben (N = Nominativ, D = Dativ, A = Akkusativ, Inf.-K. = Infinitivkonstruktion) weisen auf den einfachen Gebrauch der Verben hin. Wenn ein Verb nur bedingt mit einem Fall gebraucht wird, steht die Angabe in Klammern. Wenn ein Verb nur mit Orts- oder Zeitangaben oder mit einem Präpositionalobjekt gebraucht wird, steht keine Angabe.

Infinitiv	**3. Pers. Sg. Präsens**	**3. Pers. Sg. Präteritum**	**3. Pers. Sg. Perfekt**	**Gebrauch**
backen	er bäckt (backt)	er backte (buk)	er hat gebacken	A
befehlen	er befiehlt	er befahl	er hat befohlen	D + Inf.-K.
beginnen	er beginnt	er begann	er hat begonnen	A
beißen	er beißt	er biss	er hat gebissen	A
bergen	er birgt	er barg	er hat geborgen	A
bersten	er birst	er barst	er ist geborsten	–
betrügen	er betrügt	er betrog	er hat betrogen	A
bewegen[1]	er bewegt	er bewog	er hat bewogen	A + Inf.-K.
biegen	er biegt	er bog	er hat/ist gebogen	(A)
bieten	er bietet	er bot	er hat geboten	D A
binden	er bindet	er band	er hat gebunden	A
bitten	er bittet	er bat	er hat gebeten	A + Inf.-K.
blasen	er bläst	er blies	er hat geblasen	(A)
bleiben	er bleibt	er blieb	er ist geblieben	–
braten	er brät (bratet)	er briet	er hat gebraten	A
brechen	er bricht	er brach	er ist/hat gebrochen	(A)

1 *bewegen* (stark): Was hat ihn bewogen, so schnell abzufahren?
bewegen (schwach): Der Polizist bewegte den Arm.

Infinitiv	3. Pers. Sg. Präsens	3. Pers. Sg. Präteritum	3. Pers. Sg. Perfekt	Gebrauch
brennen	er brennt	er brannte	er hat gebrannt	–
bringen	er bringt	er brachte	er hat gebracht	D A
denken	er denkt	er dachte	er hat gedacht	–
dingen[2]	er dingt	er dingte	er hat gedungen	A
dreschen	er drischt	er drosch	er hat gedroschen	A
dringen[3]	er dringt	er drang	er ist/hat gedrungen	–
dürfen	er darf	er durfte	er hat gedurft	–
empfehlen	er empfiehlt	er empfahl	er hat empfohlen	D + Inf.-K. D A
erlöschen[4]	er erlischt	er erlosch	er ist erloschen	–
erschrecken[5]	er erschrickt	er erschrak	er ist erschrocken	–
erwägen	er erwägt	er erwog	er hat erwogen	A
essen	er isst	er aß	er hat gegessen	A
fahren[6]	er fährt	er fuhr	er ist/hat gefahren	(A)
fallen	er fällt	er fiel	er ist gefallen	–
fangen	er fängt	er fing	er hat gefangen	A
fechten	er ficht	er focht	er hat gefochten	–
finden	er findet	er fand	er hat gefunden	A
flechten	er flicht	er flocht	er hat geflochten	(A)
fliegen[7]	er fliegt	er flog	er ist/hat geflogen	(A)
fliehen	er flieht	er floh	er ist geflohen	–
fließen	er fließt	er floss	er ist geflossen	–
fressen	er frisst	er fraß	er hat gefressen	A
frieren	er friert	er fror	er hat/ist gefroren	–
gären[8]	er gärt	er gor	er ist gegoren	–
gebären	sie gebiert (gebärt)	sie gebar	sie hat geboren	A
geben	er gibt	er gab	er hat gegeben	D A
gedeihen	er gedeiht	er gedieh	er ist gediehen	–
gehen	er geht	er ging	er ist gegangen	–
gelingen	es gelingt	es gelang	es ist gelungen	D + Inf.-K.
gelten	er gilt	er galt	er hat gegolten	–
genesen	er genest	er genas	er ist genesen	–
genießen	er genießt	er genoss	er hat genossen	A
geschehen	es geschieht	es geschah	es ist geschehen	–
gewinnen	er gewinnt	er gewann	er hat gewonnen	(A)
gießen	er gießt	er goss	er hat gegossen	A
gleichen	er gleicht	er glich	er hat geglichen	D
gleiten	er gleitet	er glitt	er ist geglitten	–

2 *dingen:* heute nur noch „einen Mörder dingen = der gedungene Mörder"
3 *ist/hat gedrungen:* Das Wasser ist in den Keller gedrungen. – Er hat auf die Einhaltung des Vertrages gedrungen.
4 *erlöschen* (stark): Das Feuer im Kamin erlosch.
löschen (schwach): Die Feuerwehr löschte das Feuer.
5 *erschrecken* (stark): Das Kind erschrak vor dem Hund.
erschrecken (schwach): Der Hund erschreckte das Kind.
6 *ist/hat gefahren:* Er ist nach England gefahren. – Er hat den Wagen in die Garage gefahren.
7 *ist/hat geflogen:* Wir sind nach New York geflogen. – Der Pilot hat die Maschine nach Rom geflogen.
8 *gären* (stark): Der Most gor im Fass.
gären (schwach): Schon Jahre vor der Revolution gärte es im Volk.

Infinitiv	3. Pers. Sg. Präsens	3. Pers. Sg. Präteritum	3. Pers. Sg. Perfekt	Gebrauch
glimmen	er glimmt	er glomm	er hat geglommen	–
graben	er gräbt	er grub	er hat gegraben	(D) A
greifen	er greift	er griff	er hat gegriffen	(A)
haben	er hat	er hatte	er hat gehabt	A
halten	er hält	er hielt	er hat gehalten	(A)
hängen[9]	er hängt	er hing	er hat gehangen	–
hauen	er haut	er hieb (haute)	er hat gehauen	A
heben	er hebt	er hob	er hat gehoben	A
heißen	er heißt	er hieß	er hat geheißen	(N) A A
helfen	er hilft	er half	er hat geholfen	D
kennen	er kennt	er kannte	er hat gekannt	A
klimmen	er klimmt	er klomm	er ist geklommen	–
klingen	er klingt	er klang	er hat geklungen	–
kneifen	er kneift	er kniff	er hat gekniffen	A
kommen	er kommt	er kam	er ist gekommen	–
können	er kann	er konnte	er hat gekonnt	A
kriechen	er kriecht	er kroch	er ist gekrochen	–
laden	er lädt	er lud	er hat geladen	A
lassen[10]	er lässt	er ließ	er hat gelassen	(D) A
laufen	er läuft	er lief	er ist gelaufen	–
leiden	er leidet	er litt	er hat gelitten	–
leihen	er leiht	er lieh	er hat geliehen	D A
lesen	er liest	er las	er hat gelesen	A
liegen	er liegt	er lag	er hat gelegen	–
lügen	er lügt	er log	er hat gelogen	–
mahlen	er mahlt	er mahlte	er hat gemahlen	A
meiden	er meidet	er mied	er hat gemieden	A
melken	er melkt	er molk (melkte)	er hat gemolken	A
messen	er misst	er maß	er hat gemessen	A
mögen	er mag	er mochte	er hat gemocht	A
müssen	er muss	er musste	er hat gemusst	–
nehmen	er nimmt	er nahm	er hat genommen	D A
nennen	er nennt	er nannte	er hat genannt	A A
pfeifen	er pfeift	er pfiff	er hat gepfiffen	A
preisen	er preist	er pries	er hat gepriesen	A
quellen	er quillt	er quoll	er ist gequollen	–
raten	er rät	er riet	er hat geraten	D + Inf.-K.
reiben	er reibt	er rieb	er hat gerieben	A
reißen[11]	er reißt	er riss	er hat/ist gerissen	–
reiten[12]	er reitet	er ritt	er ist/hat geritten	(A)
rennen	er rennt	er rannte	er ist gerannt	–

9 *hängen* (stark): Die Kleider hingen im Schrank.
hängen (schwach): Sie hängte die Kleider in den Schrank.
10 *lassen* (stark): Sie ließ die Kinder zu Hause.
veranlassen (schwach): Die Behörden veranlassten die Schließung des Lokals.
11 *hat/ist gerissen:* Das Pferd hat an dem Strick gerissen. – Der Strick ist gerissen.
12 *ist/hat geritten:* Er ist durch den Wald geritten. – Er hat dieses Pferd schon lange geritten.

Infinitiv	3. Pers. Sg. Präsens	3. Pers. Sg. Präteritum	3. Pers. Sg. Perfekt	Gebrauch
riechen	er riecht	er roch	er hat gerochen	(A)
ringen	er ringt	er rang	er hat gerungen	–
rinnen	er rinnt	er rann	er ist geronnen	–
rufen	er ruft	er rief	er hat gerufen	A
salzen	er salzt	er salzte	er hat gesalzen	A
saufen	er säuft	er soff	er hat gesoffen	A
saugen	er saugt	er sog (saugte)	er hat gesogen (gesaugt)	(A)
schaffen[13]	er schafft	er schuf	er hat geschaffen	A
scheiden[14]	er scheidet	er schied	er hat/ist geschieden	(A)
scheinen	er scheint	er schien	er hat geschienen	–
scheißen	er scheißt	er schiss	er hat geschissen	–
schelten	er schilt	er schalt	er hat gescholten	A (AA)
scheren	er schert	er schor	er hat geschoren	(D) A
schieben	er schiebt	er schob	er hat geschoben	A
schießen	er schießt	er schoss	er hat geschossen	(A)
schlafen	er schläft	er schlief	er hat geschlafen	–
schlagen	er schlägt	er schlug	er hat geschlagen	A
schleichen	er schleicht	er schlich	er ist geschlichen	–
schleifen[15]	er schleift	er schliff	er hat geschliffen	A
schließen	er schließt	er schloss	er hat geschlossen	A
schlingen	er schlingt	er schlang	er hat geschlungen	(A)
schmeißen	er schmeißt	er schmiss	er hat geschmissen	A
schmelzen[16]	er schmilzt	er schmolz	er hat/ist geschmolzen	A
schneiden	er schneidet	er schnitt	er hat geschnitten	(A)
schreiben	er schreibt	er schrieb	er hat geschrieben	(D) A
schreien	er schreit	er schrie	er hat geschrie(e)n	–
schreiten	er schreitet	er schritt	er ist geschritten	–
schweigen	er schweigt	er schwieg	er hat geschwiegen	–
schwellen[17]	er schwillt	er schwoll	er ist geschwollen	–
schwimmen	er schwimmt	er schwamm	er ist/hat geschwommen	–
schwingen	er schwingt	er schwang	er hat geschwungen	(A)
schwören	er schwört	er schwor	er hat geschworen	(D) A
sehen	er sieht	er sah	er hat gesehen	A
sein	er ist	er war	er ist gewesen	N
senden[19]	er sendet	er sandte (sendete)	er hat gesandt (gesendet)	(D) A
singen	er singt	er sang	er hat gesungen	A

13 *schaffen* (stark): Am Anfang schuf Gott Himmel und Erde.
schaffen (schwach): Ich habe die Arbeit nicht mehr geschafft.

14 *hat/ist geschieden:* Der Richter hat die Ehe geschieden. – Er ist ungern von hier geschieden.

15 *schleifen* (stark): Er hat das Messer geschliffen.
schleifen (schwach): Er schleifte den Sack über den Boden.

16 *hat/ist geschmolzen:* Das Wachs ist geschmolzen. – Sie haben das Eisenerz geschmolzen.

17 *schwellen* (stark): Seine linke Gesichtshälfte ist geschwollen.
schwellen (schwach): Der Wind schwellte die Segel.

18 *ist/hat geschwommen:* Der Flüchtling ist durch die Elbe geschwommen. – Er hat drei Stunden im Schwimmbad geschwommen.

19 *senden* (stark): Sie hat mir ein Weihnachtspäckchen gesandt.
senden (schwach): Um 20 Uhr werden die Nachrichten gesendet.

Infinitiv	3. Pers. Sg. Präsens	3. Pers. Sg. Präteritum	3. Pers. Sg. Perfekt	Gebrauch
sinken	er sinkt	er sank	er ist gesunken	–
sinnen	er sinnt	er sann	er hat gesonnen	–
sitzen	er sitzt	er saß	er hat gesessen	–
sollen	er soll	er sollte	er hat gesollt	–
spalten	er spaltet	er spaltete	er hat gespalten	A
speien	er speit	er spie	er hat gespie(e)n	–
spinnen	er spinnt	er spann	er hat gesponnen	A
sprechen	er spricht	er sprach	er hat gesprochen	A
sprießen	er sprießt	er spross	er ist gesprossen	–
springen	er springt	er sprang	er ist gesprungen	–
stechen	er sticht	er stach	er hat gestochen	(A)
stehen	er steht	er stand	er hat gestanden	–
stehlen	er stiehlt	er stahl	er hat gestohlen	D A
steigen	er steigt	er stieg	er ist gestiegen	–
sterben	er stirbt	er starb	er ist gestorben	–
stieben	er stiebt	er stob	er ist gestoben	–
stinken	er stinkt	er stank	er hat gestunken	–
stoßen[20]	er stößt	er stieß	er hat/ist gestoßen	–
streichen	er streicht	er strich	er hat gestrichen	A
streiten	er streitet	er stritt	er hat gestritten	–
tragen	er trägt	er trug	er hat getragen	(D) A
treffen	er trifft	er traf	er hat getroffen	A
treiben[21]	er treibt	er trieb	er hat/ist getrieben	(A)
treten[22]	er tritt	er trat	er ist/hat getreten	–
trinken	er trinkt	er trank	er hat getrunken	A
tun	er tut	er tat	er hat getan	A
verbleichen	es verbleicht	es verblich	er/es ist verblichen	–
verderben[23]	er verdirbt	er verdarb	er hat/ist verdorben	(DA)
verdrießen	es verdrießt	es verdross	es hat verdrossen	A
vergessen	er vergisst	er vergaß	er hat vergessen	A
verlieren	er verliert	er verlor	er hat verloren	A
verschwinden	er verschwindet	er verschwand	er ist verschwunden	–
verzeihen	er verzieht	er verzieh	er hat verziehen	D A
wachsen	er wächst	er wuchs	er ist gewachsen	–
waschen	er wäscht	er wusch	er hat gewaschen	(D) A
weichen[24]	er weicht	er wich	er ist gewichen	–
weisen	er weist	er wies	er hat gewiesen	D A
wenden	er wendet	er wandte (wendete)	er hat gewandt (gewendet)	(A)
werben	er wirbt	er warb	er hat geworben	(A)
werden	er wird	er wurde	er ist geworden	N

20 *hat/ist gestoßen:* Ich habe mich an der Küchentür gestoßen. – Er ist mit dem Fuß gegen einen Stein gestoßen.
21 *ist/hat getrieben:* Sie hat die Kühe auf die Weide getrieben. – Das Boot ist an Land getrieben.
22 *ist/hat getreten:* Er ist ins Zimmer getreten. – Er hat mir auf den Fuß getreten.
23 *hat/ist verdorben:* Er hat mir alle Pläne verdorben. – Das Fleisch ist in der Hitze verdorben.
24 *weichen* (stark): Der Bettler wich nicht von meiner Seite.
weichen (schwach): Die Brötchen sind in der Milch aufgeweicht.

Infinitiv	**3. Pers. Sg. Präsens**	**3. Pers. Sg. Präteritum**	**3. Pers. Sg. Perfekt**	**Gebrauch**
werfen	er wirft	er warf	er hat geworfen	A
wiegen[25]	er wiegt	er wog	er hat gewogen	A
winden	er windet	er wand	er hat gewunden	A
wissen	er weiß	er wusste	er hat gewusst	A
wollen	er will	er wollte	er hat gewollt	A
wringen	er wringt	er wrang	er hat gewrungen	A
ziehen[26]	er zieht	er zog	er hat/ist gezogen	A
zwingen	er zwingt	er zwang	er hat gezwungen	A + Inf.-K.

25 *wiegen* (stark): Der Kaufmann wog die Kartoffeln.
wiegen (schwach): Die Mutter wiegte ihr Kind.

26 *hat/ist gezogen:* Das Pferd hat den Wagen gezogen. – Er ist in eine neue Wohnung gezogen.

Schlüssel zu § 1

2 1. in 2. nach 3. in 4. in 5. nach 6. nach 7. nach 8. nach 9. in 10. nach 11. in 12. in 13. nach 14. in 15. nach 16. nach 17. nach 18. in 19. in 20. in 21. in 22. nach 23. nach 24. nach
3 1. auf 2. in 3. aufs 4. in 5. in 6. in 7. auf 8. zu 9. zum 10. zum, auf 11. zum, in 12. nach 13. nach 14. zum 15. in 16. auf (in) 17. ins (zum) 18. ins (zum) 19. auf 20. an 21. an 22. an („über" ist auch möglich, entspricht aber nicht der Aufgabenstellung) 23. auf 24. zu 25. auf 26. zu 27. nach 28. in 29. auf 30. nach
4 1. auf 2. in 3. im 4. im 5. auf 6. auf 7. auf (in) 8. im 9. auf 10. auf 11. auf 12. im 13. auf 14. auf 15. auf 16. in 17. im 18. auf 19. im 20. im 21. im 22. auf 23. an 24. am 25. auf 26. in 27. in 28. in 29. bei 30. bei 31. in 32. in 33. auf 34. an 35. in 36. in 37. in 38. bei 39. in (an) 40. in 41. im 42. am 43. in 44. auf 45. bei 46. in 47. in 48. an
5 1. zu Hause 2. nach H. 3. nach H. 4. nach H. 5. zu H. 6. zu H. 7. nach H. 8. nach H.
6 1. am 2. an 3. in 4. zu 5. am (als Wochentag) 6. im 7. am 8. in 9. am 10. in 11. gegen 12. um 13. gegen 14. in 15. zu 16. zu 17. zur 18. am
7 1. – 2. im 3. am 4. – 5. – 6. am
8 1. im, im 2. auf 3. in (auf) 4. durch (über) 5. Im, *(auch möglich:)* Auf dem 6. im 7. auf 8. in
9 1. Die Patientin schrie laut vor Schmerzen. 2. ... jubelten laut vor Begeisterung. 3. Sie zitterten alle vor Kälte. 4. Vor Hitze konnte ... 5. Er konnte vor Ärger die ganze Nacht ... 6. Der Hund kam aus Furcht vor Schlägen ...
10 1. Von Rom aus 2. Von Süden her 3. auf mich zu 4. auf ... zu 5. auf ... zu 6. von ... aus 7. Von ... an 8. auf ... zu 9. von ... her 10. von ... an 11. von ... aus 12. von ... an
11 1. auf 2. aus 3. auf 4. darin 5. in 6. darin 7. in 8. aus 9. darauf
12 1. eine gefährliche Krise 2. in großer 3. ihre 4. türkischer 5. staatliche 6. staatlicher 7. große 8. brieflicher 9. der 10. seinem 11. brachte 12. befand 13. brachte 14. kam 15. kam 16. kam 17. in 18. in 19. unter 20. in 21. unter 22. in 23. in 24. unter 25. in
13 1. darüber 2. darauf 3. worauf 4. auf 5. auf 6. über
14 1. auf 2. in 3. an 4. an 5. in 6. in 7. in 8. an 9. an 10. in 11. in 12. auf 13. in 14. in
15 1. auf 2. von, für 3. von 4. für 5. auf 6. für
16 1. unter 2. an 3. unter 4. an 5. an 6. unter
17 1. – 2. (zu) 3. zu 4. zu 5. – 6. –
18 1. für 2. für 3. um 4. in 5. für 6. um 7. in 8. für
19 1. Von 2. unter 3. auf 4. mit 5. auf 6. unter

Test Nr. 1
2 a) nach b) in, nach c) in, nach **3** a) an, auf, in, zur b) auf, nach, an, in, an **4** am, am, auf, bei, auf, in, im **5** a) nach b) zu c) zu d) nach **7** a) – b) am c) im, – **8** a) auf b) durch, durch c) in, in **10** a) aus b) an c) her d) zukommt **11** a) aus b) darin c) darauf **12** a) in b) in d) in e) unter f) unter **13** a) Über b) auf **14** a) in b) in c) auf d) an **15** a) für b) auf c) von **17** a) zu b) – c) – d) zu **18** a) für b) um c) um d) für **19** a) unter b) auf c) Mit d) von

Schlüssel zu § 2

1 1. der Ursprung des Gedankens 2. des Nachbarn 3. des Jungen 4. des Herrn 5. der Herren 6. seines Herzens 7. dieses Buchstabens 8. der Buchstaben 9. desselben Namens 10. vieler Menschen
2 1. Minister Klübers 2. des Generalkonsuls von Aderholt 3. Botschafter Kanderbergs 4. des Staatssekretärs Axt 5. des Beauftragten für das Datenschutzwesen 6. unseres Oberbürgermeisters Dr. (Doktor) Hammerstein 7. des Herrn Professor / Professors Heller 8. des Herrn

Doktor / Doktors Amfelder 9. unseres Abgeordneten Oberbürgermeister Kleinert 10. des Direktors Professor Dr. (Doktor) Knechtle 11. von (oder: der) Frau Ministerialrätin Angerfeld 12. des Herrn Direktors

3 1. kalter, frisches, heiße, kaltes 2. freundliche, fröhlichen, bunten 3. dickes, dicken, dicke 4. ältere, jüngeren, lustigen, kranke, guter 5. junge, kleiner, bunte, kleinen, wunderschönen 6. moderne, modernen, moderne, moderne, modernen 7. teurer, teure, seltene, wertvollen 8. alte, edle, schnellen, alten, gefährlichen

4 1. deutliche, deutlichen, deutlichen, deutliche, deutlichen 2. interessante, interessanten (4 ×) 3. folgende sofortige, folgende sofortige, folgenden sofortigen, folgenden sofortigen

5 1. grüner, gründlicher, wirkliche, frische, gutes 2. gesunde, starker, anstrengenden, freundliche 3. bemerkbaren, dunklen, alte, schönen 4. wenigen gesunden, vielen unnötigen, wenigen erhaltenen, vielen schönen

6 1. eleganter 2. schnellem 3. Technischem 4. schönes 5. enttäuschtes 6. mittelalterliches

7 1. wertvolles 2. zwölfjähriges 3. großer 4. gefährliche 5. großen 6. fruchtbare 7. komplizierte 8. neustem

8 1. Rothaarigen 2. Arbeitsloser, andere 3. Blinden, Einäugige 4. Verletzte, Tote, Toter, Tote 5. Überlebenden 6. Betrunkene 7. Betrunkenen 8. bewerbende Auszubildende 9. nahe Verwandte 10. armen Unschuldigen

9 1. unbekannte 2. unnötige 3. guten 4. ältere 5. frühere 6. unbekannte 7. große 8. kleine 9. treue 10. kleinen 11. verdorbene 12. schadhafte 13. jungen 14. altbekannten 15. unbrauchbare 16. starke 17. unverschämte 18. jungen

10 1. altes, rostiges 2. neues, modernes 3. moderne, praktische 4. große, grün gestrichene 5. alter, wertvoller 6. großer, aggressiver 7. ständig steigende 8. täglich frische 9. kräftiger, erfrischender 10. schöner, fast leerer

11 1. guter, gute, gute 2. schnellen, schnelles, schnelle 3. gutes, gutes, gutem

12 1. das verkaufte Auto 2. das gelungene Experiment 3. eine sich nicht lohnende Arbeit 4. ein rauchender Schornstein 5. die gelieferte Ware 6. das geschmolzene Metall 7. informierte Bürger 8. die sich vorbereitenden Schüler 9. das schmelzende Metall 10. der Auskunft gebende Beamte 11. Nachdem er endlich ausgeschlafen hatte, setzte … 12. Während sie vorsichtig rührte, gab … 13. Der Junge, der auf der Straße lag und laut schrie, wurde … 14. Die Rechnungen, die bezahlt wurden / worden sind / sind, heben … 15. Wenn man die Entwicklung grafisch darstellt, sieht … 16. Dadurch, dass der Fluss immer höher stieg, setzte er viele Wohnungen unter Wasser.

13 1. haben 2. sind 3. Hast 4. bin 5. bin 6. habe, bin 7. bin 8. ist 9. Ich habe das Auto aus der Garage geholt und bin in die Stadt gefahren. 10. Julia ist … ausgezogen. Sie ist … gezogen. 11. Ich bin … gekommen. Ich habe mich … ausgezogen und bin … gegangen. 12. … hat … gespielt. … ist sie … gefallen. … hat … gehört, ist sofort angerannt gekommen und hat sie herausgeholt. 13. Gas ist ausgeströmt; es hat … gegeben. … ist zusammengefallen. … sind dabei umgekommen. 14. Wir haben … gestanden und haben schrecklich gefroren.

14 1. Die Schuldigen wurden hereingebracht. 2. Die Bäume sind gefällt worden. 3. Sicher wird das … beseitigt (werden). 4. Das Essen wurde … gebracht. 5. Die Uhr kann … repariert werden. 6. Man ließ das Buch neu drucken. 7. Man hat den Fall gerichtlich untersuchen lassen. 8. Der Richter ließ die Unterlagen bringen. 9. Das … ließ sich leider nicht verkaufen. 10. Die … auf dem Stein lässt sich bis heute nicht entziffern.

15 1. dich 2. mir 3. dir 4. dich 5. dir 6. mich, dich, dir, mir 7. mich 8. dir 9. mich 10. dir

Test Nr. 2

1 a) Herren b) Buchstaben des Namens c) Herzens d) Herrn **2** a) Direktors Müller 3. Arztes Doktor Arnold c) Direktors d) Doktors e) Klübers f) Kollegen Heinrich Obermüller **3** a) heißen b) Heißer, eisigen c) seltene, alte, wertvolle d) Roter, weißer, Weißen **4** a) folgenden interessanten b) folgende wichtige c) folgender dummen **5** a) vielen herzlichen b) viele, gute c) lautem, Neues, wertvollem **6** eleganter, hübsche, intelligente, wohlhabende Eltern **7** a) altes

b) sämtlichen c) älteren **8** a) Verletzte b) Blinder, Lahmer, Blinde, Lahmen, Lahme, Blinden c) Kranke, Kranker **10** a) freundlich b) hohen alten c) sportlich d) festlich e) hilflosen kleinen **11** a) guter b) freundliche c) beste, früheren

Test Nr. 3

12 a) die gestohlene Ware b) verhaftete c) kochende d) spielenden e) gespülte f) fliegenden g) gedruckte **13** a) hat b) ist c) hat/ist d) ist e) hat/ist f) hat g) ist **14** a) Der Angeklagte wurde hereingebracht. b) Die Autonummer konnte nicht erkannt werden. c) Sofort wurde die Polizei (oder: Die Polizei wurde sofort) gerufen. d) Das Dach war gerade erst neu gedeckt worden. e) Warum kann denn der Kühlschrank nicht mehr repariert werden? **15** a) mir b) mich c) mich d) mir e) mich f) mir

Schlüssel zu § 3

1 1. Sehr geehrte Frau Schreiner, sehr geehrter Herr Schreiner, (Oder: Sehr geehrte Frau und sehr geehrter Herr Schreiner,) 2. Sehr verehrte Frau Enders, sehr geehrter Herr Doktor Albrecht, 3. Sehr geehrte Frau Kunze, lieber Fritz,
2 Der Singular steht bei 1, 3, 5, 6, 7, 8, der Plural steht bei 2 und 4.
3 1. ist 2. waren 3. sind 4. waren 5. ist 6. ist 7. kostet 8. reichen 9. ist 10. weidet 11. bestieg 12. reichen 13. ist 14. wird 15. werden 16. gehören 17. waren 18. ging
4 1. die 2. die 3. das 4. der 5. das 6. das 7. das 8. die 9. jeder 10. der 11. einer 12. jede 13. jedes 14. jeder
5 von großem Charme und großer Beliebtheit 2. von furchtbarer Gewalt und Zerstörungskraft 3. von rührender Natürlichkeit und Gastfreundschaft 4. seines großen Entgegenkommens und Vertrauens 5. starken Unbehagens und Zweifels (auch: und starken Zweifels) 6. begeisterter Zustimmung und begeistertem Beifall 7. frischem Brot und Käse 8. teurer Automobile und Sportmoden
6 1. ihre 2. seine 3. ihre 4. seine 5. sein 6. sein 7. seine 8. ihr 9. ihr 10. ihre 11. seine 12. seine 13. ihr 14. seine 15. deine 16. eure 17. unser 18. Ihr 19. ihren 20. ihren 21. seinen 22. seinen 23. seiner 24. seinem 25. seinen 26. ihren 27. ihren 28. ihrem 29. ihrem 30. ihren 31. seinem 32. deinen 33. euren 34. unseren
7 1. sind 2. ist 3. ist 4. waren 5. sind 6. wird, werden, werden
8 1. ... Dr. Weigand, dem Bürgermeister der Stadt 2. ... Redner, einem Fachmann für Gartenbau 3. ... Lander, dem Leiter der Reisegruppe 4. ... Weser, einer Stadt mit ... 5. ... Weser, einem der größten Flüsse ... 6. ... Bremen, dem kleinsten Land der ...
9 1. a) dessen b) der c) dem d) den 2. a) die b) der c) die d) deren 3. a) dem b) das c) dessen d) das 4. a) die b) denen c) die d) denen
10 1. sie 2. man 3. wir 4. man 5. er 6. er 7. sie 8. sie

Test Nr. 4

2 a) betrat b) kehrten c) erschien d) gehören **3** a) hatte b) hatten c) beginnen d) kostet e) hat **4** a) eine, die b) eins (eines), das c) eins (eines), das d) eine **5** Falsch: a, d **6** a) sein b) seine c) ihrem d) ihre e) seinem f) ihren g) ihren **7** a) waren b) war c) waren **8** a) der b) den c) dem **9** a) das b) das c) deren d) die **10** a) er b) man c) Sie d) man e) er

Schlüssel zu § 4

1 1. vielen kleinen 2. einem 3. die 4. einem 5. diesem 6. die 7. unterbringen 8. abgepackt 9. packen 10. unterbringen 11. abgepackt
2 1. beobachtet 2. geachtet 3. beobachtet 4. beachtet 5. beachtet 6. geachtet
3 1. seine 2. mir 3. mir die 4. Ihre 5. meinen, mir 6. beantworten 7. geantwortet 8. erzählt 9. Beantworten 10. Erzähl
4 1. den 2. der steinernen 3. das 4. seinem 5. ihn 6. arbeitet 7. bearbeitet 8. bearbeitet 9. arbeitet 10. bearbeitet
5 1. dem 2. der 3. die 4. ihren 5. bedroht 6. bedrohte 7. drohte 8. drohte
6 1. meinen 2. ihrer 3. meinem 4. ihm 5. sich treffen 6. treffen 7. begegnen 8. treffe
7 1. mich 2. mir/mich 3. mir 4. mir 5. mir 6. mir/mich 7. mich 8. mir 9. mir/mich 10. mich
8 1. mich 2. dir 3. mich 4. dir 5. mir 6. Beraten 7. beraten 8. riet 9. raten
9 1. meiner, ihren 2. ihrer, das schöne 3. dich, deinem, seine 4. Ihrem, die gute 5. Er bedankte sich für meine Hilfe ... 6. Wir bedanken uns jetzt bei der Gastgeberin für das ausgezeichnete Essen. 7. Ich habe meiner Schwester für die ... gedankt. 8. Der Politiker bedankte sich bei den Parteifreunden für die Wiederwahl.
10 1. die 2. dem 3. der, dem 4. die 5. den 6. dem 7. dem 8. die 9. die 10. der 11. den 12. dem 13. das 14. dem 15. dem, der
11 1. fährt 2. fährt ... herum 3. fahren 4. befahren 5. fährt 6. fuhren ... herum 7. fuhr 8. befahren
12 1. meinem 2. seinem 3. die 4. meinen 5. dem 6. befolgte 7. gefolgt 8. folgen 9. befolgt 10. befolgte
13 1. nach den Lebensbedingungen von ... forschen. 2. Er erforschte die Anfänge des ... 3. forschte nach den Lebensgewohnheiten ... 4. erforschen die Ursachen ... 5. erforschen 6. forschen nach 7. forscht nach 8. erforschen
14 1. einen 2. der 3. einen 4. einen 5. ein 6. einen 7. ein 8. der 9. ein guter 10. einen schönen, ein herrlicher
15 1. den 2. mir 3. den 4. dem 5. zuhören 6. hören 7. hören 8. zuhören
16 1. gegen 2. mit 3. für 4. um 5. um/für 6. – 7. –
17 1. den, die, das, das 2. der, dem, dem 3. der 4. der 5. seiner, einen 6. gestanden 7. geschrieben 8. gelesen 9. geschrieben 10. gestanden 11. gelesen
18 1. gerufen 2. zugerufen 3. zugerufen 4. gerufen 5. gerufen 6. zugerufen
19 1. dich 2. dir 3. deinem 4. ihn 5. mir 6. ihn, seiner 7. ihm, deinem 8. gesagt 9. gefragt 10. gesagt 11. fragst, sagt
20 1. seine 2. mir 3. die 4. dem 5. schenkte 6. beschenkt 7. beschenkt 8. Schenk
21 1. den, gestellt 2. meinem, gestanden 3. diesem, gestanden 4. den, gestellt 5. den, gestellt 6. der, gestanden 7. einen, gesetzt 8. den, gesetzt 9. ein, gesetzt 10. einem, gesessen 11. diesem, gesessen 12. dem, gesessen 13. den, gelegt 14. dieser, gelegen 15. den, gelegt 16. im, gelegen 17. ins, gelegt 18. ins, gelegt 19. stellen 20. legen 21. stellen 22. stellen 23. legen 24. stellen 25. legen 26. setzen 27. stellen 28. stellen 29. setzen 30. legen 31. sitzen 32. stehst 33. stehen 34. stehen 35. sitzt 36. sitzt 37. stehen 38. stehen 39. liegen 40. liegen
22 1. besiegt 2. gesiegt 3. besiegt 4. gesiegt 5. besiegt 6. gesiegt
23 1. über unsere Reise noch nicht in ... gesprochen 2. mit dem Hausherrn die Mietbedingungen besprechen 3. Sie besprachen die letzten ... 4. Wir müssen noch besprechen, was ... 5. Darüber sprechen wir ... 6. schon die Schuldenregelung besprochen
24 1. auf 2. an 3. durch 4. an 5. Auf 6. durch
25 1. ... wohnen in einem Gebiet, das ... 2. Diesen Stadtteil bewohnen ... 3. In Rom

bewohnten … viele Gläubige unterirdische Räume. 4. In dieser Höhle wohnt eine Fuchsfamilie. 5. wohnten 6. bewohnt 7. bewohnt 8. wohnte, bewohnt
26 1. dem Chirurgen 2. den Patienten 3. den Mann 4. dem Spiel 5. zuschauen 6. beobachten 7. beobachtet 8. zuschauen
27 1. bezweifelten, dass er das … besteht. 2. zweifelt am Wert … 3. zweifelt an der Richtigkeit … 4. Ich bezweifle, dass … 5. Ich bezweifle einen günstigen Ausgang … 6. Ich zweifle daran, dass …

Test Nr. 5
1 a) einem b) der c) deinen **1** a) abpacken b) unterbringen c) packen **2** a) Achten b) achten c) Beachten d) beachten **3** a) erzählen b) beantworten c) antworten **4** a) bearbeitet b) gearbeitet c) gearbeitet d) bearbeitet **5** a) dem b) das **6** a) getroffen b) begegnet c) getroffen **7** a) ihn (ihm) b) den c) mir (mich) d) seinem e) ihm (ihn) f) die g) mir h) den **7** a) Hat/Ist b) ist c) ist **8** a) beraten b) raten **9** a) bedanken b) bedanken c) danken d) bedanken **10** a) im b) in den c) im d) ins e) den f) der, dem **11** a) befahren b) herumfahren c) fahren **12** a) meinem b) die c) dem

Test Nr. 6
13 a) geforscht b) erforscht **14** a) der b) einen, eine c) ein großer d) ein guter **15** a) den, hören b) das, hören c) ihrem, zuhören **16** a) bekämpfen b) bekämpfen c) kämpfte **17** a) einen, an b) in der; auf der, im c) den, in **18** a) mich gerufen b) die Kinder gerufen c) mir, zugerufen **19** a) meiner b) mich c) mich **20** a) beschenkt b) geschenkt c) beschenkt **21** a) gesetzt b) im, gesessen c) den, gesetzt **21** a) im, gelegen b) dieser, gelegen c) den, gelegt **21** a) der, gestanden b) den, gestellt c) den, gestellt **22** a) gesiegt b) besiegt **23** a) gesprochen b) gesprochen c) besprochen **24** a) durch b) an c) auf **25** a) in b) im, auf der c) ein kleines **26** a) dem b) den c) seinem **27** a) an der b) an seinem c) daran d) den

Schlüssel zu § 5

1 1. … Mann wird im Deutschen … Krösus genannt. 2. Krösus, eigentlich Kroisos, herrschte von … 3. Lydien war ein Reich … 4. … Fluss in seinem Land hatte ihn so reich gemacht. 5. … seines Landes war in früherer Zeit der … 6. … Himmels wurde er deshalb genannt. 7. Früher hielt man … auf der Vogelwiese ab. 8. … Stange wurde ein Vogel aus Holz befestigt. 9. Die Leute versuchten, den Vogel … 10. „ … abgeschossen" heißt heute daher: Er (sie) hat die beste Leistung erbracht. 11. … Fuchs, bin am … geboren. 12. … Schulausbildung schloss ich … ab.
2 1. … Verletzung kann er … nicht mehr arbeiten. 2. Er hat den … fahren müssen. 3. Hans soll … fahren. 4. Helga wollte … verbringen. 5. … mag ich nicht lesen. 6. Maria hat … später abgeben dürfen.
3 1. … Startzeichen und Müller … 2. … Kurve und überschlug … 3. … herbei und Feuerwehrleute versuchten … 4. … worden und schrien … 5. … vorzeitig und fuhren … 6. … Verletzten und die Polizei …
4 1. Tut mir Leid, ich kann ihn dir nicht leihen. 2. …, ich kann sie dir … 3. … ich kann es dir … 4. … ich kann es dir … 5. … sie dir … 6. … sie dir … 7. Ja, sie hat sie ihm weggenommen. 8. Ja, er hat ihn ihr … 9. Ja, sie haben ihn ihm … 10. Ja, sie hat ihn ihm … 11. Ja, er hat sie ihm … 12. Ja, sie haben es mir …
5 1. als 2. als 3. wie 4. wie 5. als 6. als 7. als 8. wie
6 1. dafür, Wofür 2. bei ihm, Bei wem 3. dabei, Wobei 4. davon, Wovon 5. auf sie, Auf wen 6. Darauf, Worauf 7. mit ihm, Mit wem
7 1. a) …, aber es hat sich … b) …, jedoch hat sich … 2. … und er stieg hinauf. 3. …, denn das

Thema interessierte … 4. a) … darum b) deswegen liest er … 5. a) …, sondern ein Brandstifter hatte … b) …, vielmehr hatte ein Brandstifter … 6. … oder wer erledigt das? 7. a) …, doch er lässt nichts … b) …, aber er lässt nichts … 8. … und Zollbeamte durchsuchten … 9. a) …, jedoch mussten einige … (jedoch einige mussten) b) …, einige mussten aber … (aber einige mussten) 10. a) …, doch wurde … (doch der Vorfall wurde) b) …, aber der Vorfall wurde … (der Vorfall wurde aber)

8 1. …, war das Haus … 2. …, konnte nicht viel … („es" fällt weg!) 3. …, waren wir … 4. …, kann er … 5. …, wohnt er … 6. …, muss er …

9 1. …, weil er … vergessen hatte. – …, denn er hatte … vergessen. 2. …, weil es … furchtbar heiß war. – …, denn es war … furchtbar heiß. 3. …, weil der Zug Verspätung hatte. – …, denn der Zug hatte Verspätung. 4. …, weil niemand die Landessprache sprechen konnte. – …, denn niemand konnte die Landessprache sprechen. 5. …, weil sie … helfen wollte. – …, denn sie wollte … helfen. 6. …, weil er in Englisch … bekommen hatte. – …, denn er hatte in Englisch … bekommen.

10 1. Weil/Da er nur ein kleines Einkommen hat, spart er sehr. Er hat nur ein kleines Einkommen, darum/deswegen spart er sehr. 2. Weil sie vier Kinder haben, brauchen sie eine größere Wohnung. – Sie haben vier Kinder, deswegen brauchen sie eine größere Wohnung. 3. Er fährt nach Griechenland, weil er die antiken Stätten kennen lernen will. – Er will … kennen lernen, darum fährt er … 4. Sie musste dringend zum Zahnarzt gehen, weil sie schreckliche Zahnschmerzen hatte. – Sie hatte …, deswegen musste sie … gehen. 5. Sie heiratet nicht, weil sie in ihren Entschlüssen frei bleiben will. (weil sie frei bleiben will in ihren Entschlüssen.) – Sie will …, deswegen heiratet sie nicht. 6. Weil der Mann … begangen hatte, erhielt er fünf Monate Gefängnis. – … begangen, deswegen erhielt er fünf Monate Gefängnis.

11 1. …, so dass ich den Redner nicht gut verstehen konnte. 2. … weil er sich einer Operation unterziehen musste. 3. …, weil sie die Aussicht genießen wollten. 4. …, weil er sich ein neues Auto kaufen wollte. 5. …, weil der Käufer die Raten nicht mehr bezahlen konnte. 6. …, so dass wir ihn schließlich reparieren lassen mussten. 7. Nachdem wir das Auto hatten reparieren lassen, konnten wir unsere Reise fortsetzen. 8. Nachdem Herr Weigand im ersten Stock eine zweite Wohnungstür hatte einbauen lassen, konnte er die obere Wohnung vermieten. 9. Nachdem Frau Maier ihre Stellung hatte aufgeben müssen, war sie lange Zeit nicht berufstätig. 10. Nachdem der Patient so lange im Bett hatte liegen müssen, fielen ihm das Laufen und Aufstehen schwer. 11. Nachdem die Stadtverwaltung das Hallenbad nicht mehr länger hatte finanzieren können, versuchte man, es zu verkaufen. 12. Nachdem Harald die Schule hatte verlassen müssen, ging er in eine Lehre.

12 1. Je besser der Taucher unterrichtet ist, desto sicherer fühlt er sich beim Tauchen. 2. Je mehr Haie um den Taucher herumschwammen, desto aufgeregter wurde er. 3. Je ruhiger sich der Schwimmer verhält, desto geringer ist die Gefahr, angegriffen zu werden. 4. Je tiefer der Taucher taucht, desto höher steigt der Wasserdruck. 5. Je wärmer das Wasser ist, desto länger kann man im Wasser bleiben. 6. Je näher man dem Äquator kommt, desto bunter wird die Welt der Meeresfische.

13 1. …, als wäre sie krank. 2. …, als würde es bald regnen. 3. …, als könnte er nicht schwimmen. 4. …, als hätte er drei Tage lang nichts gegessen. 5. …, als wären da Einbrecher. 6. …, als könntest du mich nicht verstehen!

14 1. hatte 2. hatten 3. haben 4. hatte 5. waren (worden waren) 6. habe 7. hatte 8. war 9. war 10. sind

15 1. wollten 2. geschrieben hatten 3. gefielen 4. geht 5. ausgeschaltet habe 6. repariert habe 7. lebe 8. gemacht hat 9. kannst 10. gemacht hat

16 1. Wenn 2. Als 3. wenn 4. Wenn 5. Als 6. als

17 1. Das Gift, dessen Zusammensetzung festgestellt werden soll, wurde dem Labor übergeben. 2. Der Fahrer des Unfallwagens, dessen Nummer von einem Passanten notiert worden war, … 3. Der Unterricht fiel für die Kinder der sechsten Klasse, deren Lehrer erkrankt war, aus. 4. Dem Trainer, mit dessen Methoden man nicht einverstanden war, wurde … 5. … Reisenden, deren Gepäck verloren gegangen war, erhielten … 6. … Skifahrer, deren Spur man bis in ein Felsengebiet verfolgen konnte, werden ... 7. Der Tourist, in dessen Gepäck Haschisch gefunden worden war, wurde ... 8. Das Krankenhaus, dessen Pflegepersonal sich seit drei Wochen im Streik befindet, wird ...

18 1. ... Wolf, „damit ich dich besser fressen kann!" 2. Damit konnte er ... 3. Damit flog er in der Nacht ... 4. Damit waren die Arbeiter aber nicht zufrieden. 5. ... Taxi, damit sie noch ... kommen. – Damit kommen sie noch rechtzeitig ... 6. ..., damit er die Sterne besser beobachten konnte. – Damit konnte er die Sterne ...

19 (Neben anderen möglichen Lösungen:) 1. Wenn die beiden Holzteile zusammengeleimt werden, ist unbedingt zu beachten, dass man diese 24 Stunden trocknen lässt. 2. Wenn ein Fahrer einen Fußgänger angefahren hat, kommt es immer wieder vor, dass er Fahrerflucht begeht und sich dadurch strafbar macht. 3. Mein Freund schrieb mir, dass er die Automobilausstellung in ... besuchen will, wenn er Zeit hat. 4. ... bitte, dass er mich sofort anrufen soll, wenn er zurückkommt. 5 ... ihm, dass er mit schweren gesundheitlichen Schäden rechnen muss, wenn er weiter so viel raucht. 6. Wenn sie ihr Examen gemacht hat, wird sie keine Anstellung finden; das wissen wir.

20 1. ..., bald wieder zu Hause zu sein. 3. ..., die richtige Entscheidung getroffen zu haben. 4. ... jetzt, den drei Jahre alten Wagen gekauft zu haben. 6. ... sich, nicht zu Hause gewesen zu sein, als ... 8. Der Angeklagte hofft, freigesprochen zu werden. 10. ... Überzeugung, den Angeklagten bald überführen zu können.

21 1. ... Kindern, ins Kino zu gehen. 2. ... Jüngsten, allein chemische Experimente zu machen. 3. ... ihn, mir beim Umzug zu helfen. 4. ... Eltern, ihren Sohn mehr zu loben und weniger an ihm herumzukritisieren. 5. ... Studenten, weiterzumachen und sich zur Prüfung anzumelden. 6. ... ihm, seine ... rechtzeitig abzuliefern.

22 1. ..., wochenlang im Bett liegen zu müssen. 2. ..., so lange zu sitzen und sich nicht zu bewegen. 3. ..., Gitarre spielen zu können. 4. ..., bei Rot ... zu fahren. 5. ..., Klettertouren ... allein zu unternehmen. 6. ..., Gegenstände aus ... zu werfen. 7. ..., täglich gegossen zu werden. 8. ..., die Meisterprüfung zu machen.

23 1. a) Mein Freund kam auf eine gute Idee. b) Mein Freund kam darauf, den Wecker in eine Schüssel zu stellen. 2 a) Die Sekretärin kümmerte sich um den Besucher. b) ... kümmerte sich darum, ein Hotel zu finden. 3 a) Der Student bat um Ruhe. b) ... bat darum, das Radio leiser zu stellen und ihn nicht zu stören. 4. a) Der Gastwirt forderte den Betrunkenen zum Verlassen des Lokals auf. b) ... forderte den Betrunkenen dazu auf, das Lokal zu verlassen. 5. a) Er bewahrte seinen Bruder vor einer Fehlentscheidung. b) ... bewahrte seinen Bruder davor, eine Fehlentscheidung zu treffen. 6. Ich warnte den Freund vor dem Hund. b) Ich warnte den Freund davor, den Hund zu streicheln.

24 1. dass sich das stark giftige 2. warum sich 3. hatte er sich 4. befanden sie sich 5. trafen sich 6. konnte sie sich 7. uns, uns nicht 8. sich bei Betreten 9. dich wegen deines

Test Nr. 7

1 a) konnte früher ... unbemerkt fliehen b) So entstand c) besuchte uns **2** a) Brille kann ich ... richtig sehen. b) Eigentlich hatten wir ... Italien fahren wollen. c) habe ich ... nicht antreten können. d) ich musste ... Oslo fliegen. e) Ich sollte ... Tagung teilnehmen. **3** a) und wollten absolut nicht ins Bett gehen. b) und ließen sie spielen. c) und gingen von selbst ins Bett. d) lasen und die Kinder ... **4** a) kündigte sie dem Studenten. b) ihn seiner Frau c) ihm das Wörterbuch d) sie ihm **5** a) wie b) als c) als **6** a) mit ihr b) damit c) mit ihm **7** a) aber es antwortete nicht. b) jedoch fanden sie / sie fanden es jedoch c) deshalb konnten d) denn sie befürchteten ... / weil sie ... befürchteten e) deshalb war es **8** a) hatte man sich b) wurde ein anderes ... bestimmt. c) mussten zahlreiche ... ausgewertet werden. **10** a) (a) denn man wollte ... feiern. (b) weil man ... feiern wollte. (c) Man wollte ... feiern; darum hatte die Stadtverwaltung ... organisiert. b) (a) denn die Einwohner sollten ... erinnert werden. (b) weil die Einwohner ... erinnert werden sollten. (c) Die Einwohner sollten ... erinnert werden; darum gab es auch ... c) (a) denn es gefiel ihnen dort nicht. (b) weil es ihnen dort nicht gefiel. (c) Maiers gefiel es dort nicht; darum verließen sie ...

Test Nr. 8

11 a) weil er mit … in Verbindung treten wollte. b) weil man ohne … Funkstation betreiben darf. c) dass die Prüfung sehr streng sein würde und er (und dass er) so viel dafür lernen musste.
12 a) Je mehr ich arbeite, desto müder bin ich am Abend. b) Je öfter wir uns schrieben, desto besser verstanden wir uns. c) Je leiser der Lehrer sprach, desto ruhiger wurde es in der Klasse.
13 a) als wären wir alle schwerhörig. b) als wäre die c) als hätte er hier von … mit mir telefoniert.
14 a) hatte b) haben c) hat
15 a) repariert hat. b) verboten hat c) fühlt er sich
16 a) wenn b) Als c) Als
17 a) Man hat die alte Schule, deren Wände und Decken gefährliche Risse hatten, abgerissen. b) Der Kaufmann, dessen Buchhalter ihn jahrelang bestohlen hatte, musste … c) … die Nachbarin, deren Sohn mit dem Auto verunglückt war, zu trösten.
18 a) geschenkt. Der Junge konnte aber damit noch gar nichts anfangen. (der Junge aber konnte damit …) b) damit wir nicht geweckt werden. c) Ich will damit nichts zu tun haben.
20 **I** a) von den Hunden … gebissen zu werden. b) – **II** a) so früh aufstehen zu müssen. b) –
21 a) mir das Buch zurückzubringen. b) kein fettes Fleisch zu essen. c) mit dem Moped … zu fahren.
22 a) nicht, ihn zum Schweigen zu bringen. b) in dem See zu baden. c) der alten Dame … zu helfen.
24 a) Uwe sich so b) er sich so c) man sich mal

Notizen

Notizen

Notizen

Deutsch üben – bis zur Perfektion!

Bildnachweis: © Getty Images/E+

Einzigartige Trainingsbücher für Deutschlernende auf allen Niveaus. Abwechslungsreiche Übungen mit Illustrationen und Lösungen im Anhang sorgen für erfolgreiches Lernen von „*Wortschatz & Grammatik*".

Deutsch üben:

Wortschatz & Grammatik A1
ISBN 978-3-19-397493-8

Wortschatz & Grammatik A2
ISBN 978-3-19-857493-5

Wortschatz & Grammatik B1
ISBN 978-3-19-487493-0

Wortschatz & Grammatik B2
ISBN 978-3-19-427493-8

Wortschatz & Grammatik C1
ISBN 978-3-19-727493-5

Wortschatz & Grammatik C2
ISBN 978-3-19-827493-4

www.hueber.de/deutsch-lernen

Hueber